海外版

中华优秀传统文化大众化系列读物

人文之始

山东省委宣传部·组编

孙建新·编著

北京大学出版社

PEKING UNIVERSITY PRESS

图书在版编目（CIP）数据

人文之始 / 孙建新编著. —北京：北京大学出版社，2017.7

（中华优秀传统文化大众化系列读物：海外版）

ISBN 978-7-301-28449-0

Ⅰ.①人… Ⅱ.①孙… Ⅲ.①中华文化 – 通俗读物 Ⅳ.①K203-49

中国版本图书馆CIP数据核字（2017）第143341号

书　　　　名	人文之始
	RENWEN ZHI SHI
著作责任者	孙建新　编著
责 任 编 辑	唐娟华
标 准 书 号	ISBN 978-7-301-28449-0
出 版 发 行	北京大学出版社
地　　　　址	北京市海淀区成府路 205 号　100871
网　　　　址	http://www.pup.cn　　　新浪微博：@北京大学出版社
电 子 信 箱	zpup@pup.cn
电　　　　话	邮购部 62752015　发行部 62750672　编辑部 62767349
印 刷 者	北京大学印刷厂
经 销 者	新华书店
	720 毫米×1020 毫米　16 开本　16.75 印张　225 千字
	2017 年 7 月第 1 版　2018 年 3 月第 2 次印刷
定　　　　价	118.00 元

目 录
CONTENTS

绪　言
FOREWORD

　　关于中华文明的确切定义以及准确的起始时间，学者和专家们还有很多不同意见。但是，说到中华文明，以下事实是最苛刻的人们也不得不承认的。那就是：第一，中华文明是一个古老的历史悠久的文明。即使按照人类文明最严格的定义——成熟系统的文字的出现来衡量，中国人使用甲骨文的历史，已经有了三千三百年之久。同时，这种文字经过不断演化、发展，直到今天，仍然是正在使用的活的文字，具有极强的生命力。第二，中华文明是最顽强、最持久、生命力最强的文明。几千年来，历经无数灾难、战乱、外族入侵，中华文明始终以完整的形态系统地保存了下来。直到今天，这种文明仍有着生生不息的力量，显示出它强大的生命力。那么，中华文明为什么会有如此强大的生命力？它的特点和优长在哪里？对这些特点和优长的分析，会给今天的我们以何种启示？这些问题，是许多历史研究者所关注的问题，也是本书尽自己最大努力要回答的问题。

　　目前，随着中国经济的持续发展，中国的考古学、人类学和历史学也在蓬勃发展，几乎每天都有新的发现。这些研究和发现不断地弥补着中华文明历史的空白，不断地给人们带来惊喜。但是，由于中国近代以来的屈辱历史，由于中国经济和人文学术的长期落后，在这些研究中，强烈的民族自尊心往往左右了研究的方向，使得学术研究走入了许多误区。比如，误区一，急于将中华文明的历史拉长，似乎历史越长，就越使我们感到骄傲。在学术研究中，一个民族的文明史，是以成系统的文字的使用为标志的。在甲骨文之前，学者们还没有发现成熟的成系统的文字出现。因此，盲目地拉长中华文明史的做法不值得提倡。但是，从甲骨文到现代文字，中国的文字传承有序，脉络分明，历史悠久，已经成为人类文明史中的活化石和不朽奇迹，足以使每一个华夏子孙感到骄傲。误区二，急于把地下的发掘和史书上记载的朝代、年份对应起来，以证实我们的史书记载不虚。在中国历史上，战乱纷争不断，朝廷政权更替频繁，统治者文化政策多变，这些都使中国历史的记载多有错讹和散失。有许多历史记载本身就是模糊不清和相互矛盾的。所以，把地下发掘出的文物生硬地往历史记载上套，耗时费力，得不偿失。

我们研究中华文明历史的目的，应该是传承文化，总结经验，启迪后人。因此，考察和回顾中华文明的历史，首要的一个原则是，确定和正视历史事实。这本来也是中国学术史上的优良传统，也是人类其他学术研究的前提和原则。其次，在回顾中华文明的历史时，主要的关注点应该是，这些中华民族的远古始祖们，他们在创建中华文明的时候，心里在想什么，有哪些想法决定了中华文明的特点，影响了中华文明的历史进程。英国历史学家科林伍德（Collingwood，1889—1943）说过，"历史就是思想史"。了解了这些思想，也就了解了中国人，也就理解了中国历史。理解了历史，才能更好地决定我们未来的走向。中国先民的这些思想，不但存在于官方正史和传统典籍的记载中，而且存在于各种杂史、野史、笔记、小说、寓言故事中，甚至存在于口口相传的民间传说故事中，存在于各种石刻、图画、诗词、民歌之中。后者的权威性和完整性虽然不如官方正史和经典，但在确定历史事实和探究先民思想方面，仍有着不可替代的作用，因此，必须给予同样重视。

本书所叙述的，是中国华夏文化的创立。所以，一般来说，本书叙述的人物和事件将到中国的汉朝为止，个别地方会涉及魏晋或者稍晚。汉朝是中国历史上一个极为重要的朝代，到了汉朝，中国文化的框架和内容就基本确定了。一些中国文化史上的大事，比如大一统政权的建立，独尊儒术，文字五体（篆、隶、楷、行、草）的完备，佛教的进入等等，都已发生。所以，中国的主体民族就叫汉民族，中国的通行语言叫汉语，通行文字叫汉字，就是这个道理。

好了，现在，我们就从中华文明的源头，开始我们的历史旅程吧。

第一章

远古的人类遗迹

辽阔的东亚大陆，富饶、温暖、湿润，很适宜人类生存。在这片大陆之上，奔流着两条宽阔的大河：长江和黄河。这就是在远古时代诞生了中华文明的"两河流域"。近代以来，随着现代考古学进入中国以及考古方法和设备的不断完善，不断地有远古人类生存的遗迹在这片大地上被发现。从古人类遗迹生存的时间看，有170万年前的元谋人，100万年前的蓝田人，50万年前的北京周口店人以及1.8万年前的山顶洞人。

近年来，中国的考古界在这方面又有了许多新的发现，比如巫山人（生存于距今204万年前），南京人（生存于距今50万年前），沂源人（生存于今山东沂源县，距今31万年前），许昌人（生存于距今10万年前），新泰人（生存于今山东新泰市乌珠台村，距今5万年前）。这些古人类化石的发现，不断地补充着古代人类向现代人类演进的链条。在这个漫长的链条当中还缺乏一些必要的中间环节，因此，还不能肯定地说这些古代人类和现代中国人有着直接的继承关系，也无法准确地说出，他们在中华文明的创立中起到过哪些直接的作用。但无疑，这些远古人类化石的年代，已经为远古人类向现代人的持续演化画出了一个大致的轨迹。其中，元谋人、北京人化石上的铲形门齿，许昌人和北京人的一些相似的特征，都是现代中国人所具有的共同特征。这些特征至少从外在形态上向人们昭示了远古人类向现代中国人的进化和继承关系。

2017年3月3日，世界顶尖学术期刊《科学》发表论文，报道了许昌人的发现，称这是"人类演化研究取得的突破性进展"，并且指出，许昌人很有可能"是中国境内古老人类和欧洲尼安德特人的后代"，这就从另一个侧面为中国境内的远古人类向现代中国人的演化提供了佐证。当然，这不是最后的结论。关于这些远古人类和现代中国人的关系，还有许多未解之谜需要揭开，还需要更为先进的科学技术为此提供证据。

1929年12月2日，中国考古工作者裴文中在周口店古人类遗址发掘现场发掘出一颗完整的古人类头骨。这一消息传开，立刻轰动了全世界。周口店，位于北京西南五十公里的平原和山地的接壤处。在20年代，人们经常在这里开采石灰石，不断有所谓"龙骨"被发现。有一次，人们发现了一颗牙齿化石，就送到当时的北京协和医院解剖系主任步达生那里，经他鉴定，这颗牙齿化石被确定为古人类化石，并定名为"中国猿人北京种"。他还预言，周口店一带应该是中国猿人的故乡，还应该有更多的古人类化石遗存。从此，中国考古工作者在周口店一带开始了大规模、持久的发掘，终于在20年代末有了令人惊喜的发现。后来，在接下来的考古发掘中，中国考古工作者贾兰坡于1936年又发现了三个完整的北京猿人头骨化石，以及大量的哺乳动物化石和石器。

这些在周口店发现的古人类遗骨化石，学术界命名为"北京人"。经研究考证，这些古人类化石，是距今50万年以前古人类的遗存。这说明，至少从那个时候起，在中国就已经有古人类在生存和活动了。同时在周口店遗址被发现的还有大量经过打击制成的粗糙的石器，这说明当时的古人

北京人复原像

3

类已经可以制造和使用简单的工具了。更重要的是，在北京人遗址发掘现场，还发现了厚厚的灰烬层，这表明，当时的古人类已经学会了使用火。火的使用，在人类发展史上有着重要的作用。由于使用火，人类开始吃更容易消化和吸收的熟食，对人类身体的发育和进化、对大脑智力的开发都起到了不可估量的作用。同时，火还能够御寒和防御野兽袭击，在古人类的生活中起着非常重要的作用。因此，恩格斯指出，火的使用，在人类的发展过程中，是"新的有决定意义的进步"。

北京人的发现，是在中国第一次发现古人类活动的遗迹，弥补了人们对古人类发展史认识的空白，因此，意义非凡。同时，在这里发现的古人类化石的数量之多，保存之完好，都是后来在其他地方的同类发掘所不能比拟的。遗憾的是，1941年，珍珠港事件之后，太平洋战争爆发，北京人化石被笼罩在战争阴云之下。在匆忙装箱转移过程中，北京人古人类化石不幸遗失，从此渺无音讯，成为中国考古工作者心中抹不去的痛。1949年以后，裴文中和贾兰坡数次带队重返周口店，但是，运气不再，他们再也没能发掘出那样丰富的古人类遗存了。

二 蓝田人和元谋人

周口店的北京人骨骼化石，是中国首次发掘出的古人类的遗存，而且以数量之多、品种之丰富令人惊叹，因此，名气也最大。但是，说到年代，北京人化石还不是最久远的。1963年，中国考古工作者在陕西省蓝田县陈家窝村发现了一颗三十岁左右的女性古人头盖骨，命名为"蓝田人"。经科学测定，"蓝田人"的生活年代为距今100万年以

蓝田人复原像

前。这一测定，将古人类在中国生活的年代大大地向前推进了一个时期。同时出土的，还有一些古代动物的化石以及一些简单打击制成的粗糙石器，这说明，远古的"蓝田人"已经能够制造简单的工具，并用来狩猎。同时，也发现了有使用火的痕迹。

1965年，就在蓝田人被发现不久，中国考古工作者在云南省元谋县的那蚌村发现了两颗古代猿人的牙齿化石，经古地磁学方法测定，年代为距今170万年前。经电子自旋共振法测定，为

蓝田人头盖骨

元谋人头骨

距今160～110万年前。学者们将生活在这里的古代猿人命名为"元谋人"。这一年代测定，使得"元谋人"成为中国发掘出的生存最久远的古代人类化石。后来，人们又数次对"元谋人"遗址进行发掘，于

元谋人

1984年，在"元谋人"牙齿发现地附近，又找到了一段古人类的胫骨化石。先后出土的还有十七件石制品和一些古代动物化石。另外，被发现的还有一些烧火形成的炭屑和两块烧成黑色的骨头。这些发现，将中国古代人类使用火的年代向前推进到了170万年前。

在中国的北方，还有一处重要的古人类活动遗址，那就是位于河北省阳原县桑干河上游的泥河湾。早在上世纪20年代，中外考古学家就对这块有着旧石器时代丰富遗存的地带投去了关注的目光。1921年，法国天主教神父文森特在泥河湾村发现了中国最古老的野牛头骨化石。1935年，法国考古学家步日耶教授在泥河湾发现了一块经打击制造的"粗糙的石斧"和一些有着明显人工打击痕迹和火烧痕迹的动物骨头化石。1957年，中国著名考古工作者贾兰坡和王建撰文指出："泥河湾的地层才是最早人类的脚踏地。"1963年3月，贾兰坡等人在对泥河湾的第二次大规模发掘中，发现了古人类骨骼化石。这是在泥河湾古人类遗址内首次发现的古人类骨骼化石。1994年，中国考古工作者在泥河湾盆地小长梁古人类遗址发现

阳原泥河湾

了大量细小石器，约有两千多件，经古地磁学鉴定，年代为距今160万年前。2001年，考古人员在泥河湾马圈沟古人类遗址发现了大量石器和古代动物遗骨，这些遗骨上，大都带有清晰的被砍砸和刮削的痕迹。这些遗存的年代，经科学鉴定，为距今200万年以前。这个发现再现了古代人类在泥河湾一带就餐的情景，再现了这个存在于200万年前的古人类的大餐桌。它的发现，使得古人类在中国活动的年代大大推前，同时，也使古人类学的"单一起源说"和"非洲起源说"受到了有力的挑战。泥河湾的古人类文化遗存之丰富，年代之久远在古人类遗址中首屈一指，是当之无愧的古人类学博物馆。唯一的遗憾是，到目前为止，这里还没有发现完整的古人类头盖骨。但是，它作为古代人类活动遗址的意义，是全世界的学者和专家们公认的。

四 丁村人、许家窑人和山顶洞人

以上古代人类活动遗存的发现，只能说明在大约160～200万年前，在中国，就已经有古代人类在活动。但是，这些古代人类和现代人的关系，他们向现代人演化的轨迹，还需要有一些必要的环节。丁村人、许家窑人和山顶洞人的发现，成为了这些中间环节的有力的补充。

1954年，考古工作者在山西省襄汾县的丁村古人类遗址中发现了三枚古人类牙齿化石。这三枚牙齿化石，具有北京猿人的特征，也具有现代中国人的特征，存在的年代为距今10万年前左右，是古代猿人向现代人演化的必要环节。值得注意的是，在丁村古人类遗址中还发现了大量石器，这些石器制作得明显比北京猿人的石器更精良、更细致。其中有一些打制得大小一致的石球，据推测，应该是丁村人用来

山顶洞人生活场景

投掷狩猎的武器。这些石器表明，丁村人制作工具和武器的能力以及征服大自然的能力，比北京人大大地增强了。

1976年，考古工作者在山西省阳高县许家窑村发现了一处古人类遗址，这里大约埋葬着五六万吨野马的骨头。这些骨头全都是被砸碎的，没有一具完整的野马骨头。这说明，这些野马骨是被砸碎食用后遗弃的。同时出土的，还有一千多个石球。大量野马碎骨和石球的发现，表明许家窑人已经成了制造工具和狩猎的能手。在许家窑发现的古人类遗骨化石二十余件，经分析，许家窑人的脑容量已经明显要比北京人的大。他们生活的年代，大约在距今10万年以前。

早在上世纪30年代，考古学家们就发现，在周口店古人类遗址的龙骨山上，有一处新的古人类生活的遗址。他们生活的年代和劳动技能更接近于现代人。由于他们生活在龙骨山上的一个山洞里，因此被命名为"山顶洞人"。1933—1934年，由老一辈考古学家裴文中主持，对山顶洞人古人类遗址进行了发掘，共找到属于八个不同人体的遗骨化石，年龄范围从婴儿到成年人都有，其中有三个保存完好的头骨化石，大约生存年代在距今1.8万年前左右。最重要的是，在现场找到了一枚骨针，它说明，早在1.8万年前，山顶洞人就已经懂得制造这样精巧的工具，并能够用来缝制衣物。这说明，山顶洞人大脑的发达程度以及手的灵巧程度都已经比北京猿人大大地增强了。还有一个重要发现就是，山顶洞人已经有了明显的美的观念。他们会利用赤铁矿粉对石珠进行染色。他们还能够把贝壳、兽牙、鱼骨、石珠等串在一起，做成美丽的装饰物。另外，山顶洞人已经开始学会祭祀，他们会埋葬自己死去的同

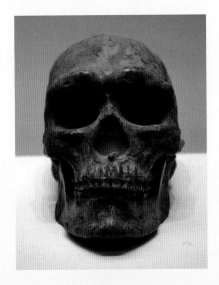

山顶洞人头骨

伴，并在墓地附近撒上赤铁矿粉屑。他们这样做的目的还不十分明了。学者们猜测，大概是因为赤铁矿粉是红色的，山顶洞人希望洒下这些赤铁矿粉，能够给死去的亲人补充鲜血和生命，使他们能够再生。

　　从170万年前的元谋人，到100万年前的蓝田人，再到50万年前的北京周口店人，再到1.8万年前的山顶洞人，人类的步伐在逐渐向现代人的方向迈进。文明的曙光在熹微闪现。

山顶洞人复原图

第二章

文明的曙光

进入到新石器时代的远古人类发生了很多显著的变化。首先是他们的生产能力大大提高了，他们学会了制造更为先进的生产工具，从而能够进行更大规模的生产。在河姆渡文化中，堆积如山的谷仓就是一个明显的例子。他们还有能力修建大型城市甚至大型的水利设施，就像我们在良渚文化遗址中看到的那样。其次，随着生产力的不断提高，艺术和美产生了。在这一点上，仰韶文化中带有精美花纹的彩色陶罐，以及良渚文化、红山文化中有着精美绝伦的造型和雕刻功力的玉石，具有特别典型的代表意义。这些精美的玉石，大都是用来祭祀神灵以及人们死去的祖先的，这就是新石器时期古人类产生的第三点变化：以祭祀神灵和崇拜祖先为主要内容宗教文化意识的产生。其中，崇拜祖先这一点是后来华夏民族一直具备的文化特色。

总之，大规模生产的需求，艺术和美的出现，宗教文化意识的产生，都对人的精神文化生产产生了促进作用。于是，在这一时期的许多文化类型中，如在仰韶文化、良渚文化中，都发现了近似于文字的刻画符号。同时，在一些文化遗迹中，例如在红山文化中，还发现了金属冶炼的遗迹。刻画符号的出现，是正式文字产生的信号；金属冶炼的尝试，是大规模生产和使用金属的先声。这些，都是新的文明产生的曙光。

一 仰韶的彩陶

仰韶村，是位于黄河中游的河南省渑池县城北九公里的一个普通村庄，但它却因为仰韶文化的被发现而闻名世界。

1920年，瑞典考古学家安特生的助手刘长生来到仰韶村搜集古代动物化石，他在仰韶村住了三天。在短短三天中，他有了一些意外发现。他找到了古代人类制造的一些石器和陶器，并把它们带给了安特生。

1921年，经中国政府同意，安特生和中国地质学家袁复礼等专业人员一起，对仰韶村古人类文化遗址进行了第一次发掘。当小心翼翼地挖开历史堆积的灰层后，他们看到了一些美丽的彩陶片。

经过修复和整理，我们现在能够在博物馆里看到这些精美的仰韶彩陶。它们造型古朴大方，在红色的陶壁上，描有黑色的网纹、水纹、螺旋纹、几何纹、鱼纹、鸟纹、蛙纹等等，色彩对比强烈，其想象力之丰富，艺术表现力之绝美，令人赞叹。而这些美丽的彩陶，在古代先民那里，还只是普通的日常生活用具。当然，在仰韶村，考古学家们还有一些其他的发现，如石器、骨器、墓葬、村落遗址等等，但是，仰韶彩陶无疑是这里发现的古

仰韶文化
彩陶盆

14

代遗存中最引人注目的代表性器物。据专家测定，这些古代文化遗存具有距今5000～7000年的历史。后来，学者们根据学术惯例，提出了一个"仰韶文化"的名词，用来指代和命名在黄河中下游一系列具有相同年代和相同文化特征的历史遗存。

仰韶文化
鱼纹盆

　　仰韶彩陶带给了我们丰富的来自远古的信息。首先是，那些仰韶文化的先民们已经具有了极高的审美意识和劳动技能。那些彩陶造型的古朴、装饰的精美，即使放到任何一个现代博物馆里也会毫不逊色。科学家们指出，要烧制这样的彩陶，炉温必须高达一千度左右才行。这说明，仰韶时期的中国古人类，对火的掌握和使用已经达到了一个新的高度。还有学者指出，在仰韶彩陶上出现的那些流利的线条，说明毛笔在那时已经被发明并广泛使用。描绘那些线条使用的黑颜色，也说明那时的人们对颜料的使用也很普遍，也许，那就是后来中国书法中墨的前身。由于仰韶彩陶的底部发现了明显的布纹和绳纹的压痕，合理的解释是，当时在陶坯做好以后，是放在布面或者绳子上晾着的，说明当时的人们已经懂得纺织，他们已经能够穿上自己织的布了。其中最重要的一点是，在彩陶的上面发现了数十种类似文字的刻画符号。其中一些符号，在属于仰韶文化的半坡遗址、姜寨遗址、李家沟遗址等地反复出现，表明他们不是随意的刻画，而是有着某种规律和含义的符号。需要指出的是，在最初被称为甘肃仰韶文化的马家窑文化遗址中，也出现了相当数量的刻画符号。当然，对这些符号，人们还不能解释，说它们是成熟的和系统的文字还缺乏进一步的证据。但是，已有学者指出，它们就是中国文字的萌芽，是有一定道理的。文字的产生，是一个文明产生的重要标志。仰韶彩陶上这些神秘符号的出现，说明在中国大地上，成熟系统的汉字的产生，已经为期不远了。

　　仰韶文化产生的地点，是在黄河中下游一带，这一点与中国古代典籍上所记载的三皇五帝活动的地点十分吻合。所以，学术界一度认为，黄河流域是中华民族文明产生的源头。但是，后来一系列考古的发现，使这一观点受到了有力的质疑和挑战。

二　河姆渡的稻谷

　　1973年，考古工作者开始对浙江省余姚市的河姆渡古人类文化遗址进行第一次发掘。1977年，又进行了第二次发掘。这两次发掘，确定了一个生活在七千年前的古代文明，后来，它被命名为"河姆渡文化"。

　　河姆渡文化的特色是它的发达的农业。与位于黄河流域的仰韶文化不同，仰韶文化的主要农作物是粟，而位于长江下游的河姆渡文化的主要农作物却是稻。在河姆渡遗址，人们发现了大量稻谷植物的堆积，有稻谷、稻叶、茎秆、稻壳等等，堆积层厚处高达一米，总重量估计为一百五十吨之多。这些稻谷年代之久远，保存之完好，数量之巨大，令人赞叹。在刚刚出土时，那些稻谷色泽如新，连稻叶上的纹路都清晰可见。经鉴定，这些稻谷属于人工栽培的籼稻。

　　令人惊奇的是，和这些稻谷一起被发现的还有大量的农具。中国古代典籍《白虎通》中说，神农氏"制耒耜，教民农作"。但是，什么是古代的耒耜，长期以来，人们不得而知。在北方黄河流域的远古遗存中，人们只能见到石斧、石铲等石器，未能见到用于农业生产的耒耜实物。这次，在河姆渡文化遗址的发掘

河姆渡遗址

河姆渡遗址
博物馆

中，人们发现了几百件骨耜。这些骨耜是用鹿和水牛的肩胛骨制作而成，安装有手柄，用来翻地和耕种。在这些骨耜出土时，在骨耜与手柄的结合部位，用绳索捆绑的痕迹还清晰可见。

另一个有关农业技术的发现，是河姆渡人具有发达的纺织技术。在河姆渡发现的纺织工具有纺轮、绕纱棒、分径木、经轴、机刀、梭形器、骨针等等，几乎是一部完整的纺织机所具有的全部器件。这说明，吃和穿的问题，河姆渡人已经可以解决得很好。

下面再来看看住。

除了发达的农业，在河姆渡文化遗址，还发现了大量干栏式大型建筑遗存。所谓干栏式建筑，就是底部架空、上面建有长廊、适合南方多雨潮湿气候的一种建筑。出土的建筑构件有几百件之多，有桩、板、柱、梁、枋等。部分构件上带有榫头和卯口，说明这些构件是利用榫卯技术巧妙地咬合在一起的。河姆渡人在七千年前就有如此精妙的营造技术，令人叹为观止。

河姆渡文化遗址的发现，极大拓宽了人们的视野，使那种黄河流域是中华民族发源地的观念得到了延伸，使人们意识到，从黄河流域到长江流域，中华民族可能会有不止一处的发源地。

三 良渚的玉石

　　1935年5月，当时的西湖博物馆的工作人员施昕更先生在参加杭州古荡考古遗址的发掘时，发现了一枚带孔的石斧。看着石斧熟悉的造型，他好像想起了什么。施昕更先生是杭州城北的良渚镇人，从小在良渚长大，在他印象中，像这样器形的石斧，在他们家乡的墓葬中似乎并不少见。于是，他萌发了回良渚进行考古考察的念头。在征得了博物馆馆长董聿茂先生的同意和支持后，他返回家乡良渚，先后进行了三次考古发掘，发现了大量远古时代的石器、陶器、玉器等，并撰写了良渚考古的初步报告。从此，"良渚"这个名字开始为外界广为知晓。随着1959年"良渚文化"的正式命名，这个代表了长江下游太湖流域一系列五千年前的文化遗址的名称，更是传遍了整个世界。

　　良渚文化最具代表性的器物是它的玉器。这些玉器大都制作精美，品类繁多，有玉璧、玉佩、玉琮、玉环等等，上面大都刻有精美的纹饰。一些玉器上的形象和花纹，后来直接出现在周朝的青铜器上，显示了中华文化的生生不息和历代文化的上下承接关系。中国的玉文化源远流长，但是，只有在良渚文化中才形成了这样大规模的玉文化，并把玉器发展成了真正的艺术品。在良渚文化中，玉器并不是纯粹的艺术品，而是人们日常生活中的某种实

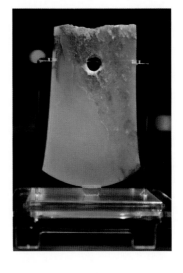

良渚文化玉璧

良渚文化玉璧

用器具。比如，良渚玉器大都作为陪葬品出土于墓葬之中。这表明，玉器已经被当时的人们当作权力财富的象征，也表明了当时的社会经济和文化的发达，使得人们有余力将这样大笔的财富埋藏在墓葬之中。此外，还有大量玉器在祖先祭祀、宗教崇拜等活动中充当着重要角色，显示了当时人们文化观念和社会组织的发达。最重要的是，人们还在这些玉器上发现了大量的刻画字符，其中一些字符是可以辨认的，学者们也努力对它们进行了辨认，作出了种种解释。虽然这些刻画符号还不能称为成熟和系统的文字，但是，一般认为，这些刻画字符应该就是中国古代甲骨文字的前身和萌芽。

良渚文化玉琮

2007年12月，考古工作者在良渚古代文化遗址的核心区域内，发现了巨大的古人类都邑城墙遗址和大型宫殿遗址，总面积达二百九十万平方米。经过碳-14测年法测定，这些古代城墙的年代大约在距今4300～4500年之间。这座大型古城遗址的发现，与先前发现的莫角山巨型土台遗址、反山高等级墓葬遗址一起，勾勒出了一个巨大文明古国的轮廓和风貌。这表明，在那个年代，良渚地区社会发达，文化繁荣，已经出现了早期国家，进入了古国文明的早期阶段。

古代城址、财富、艺术、文字符号，这些元素有力地证明着一种远古文明的存在。但是，在良渚古国，还没有青铜器。古代文明还在艰难缓慢地向前演进着。

四 红山的"金字塔"

1984年，在属于红山文化的辽宁省凌源市牛河梁文化遗址，考古工作者找到了一处年代约五千年以前的古墓。挖开古墓后发现，在墓主人的胸部，摆放着两件精美的玉器——玉龙和玉猪。这一发现，提醒了内蒙古翁牛特旗文化馆负责人贾鸿恩，让他想起十几年前他收集的一件玉器，那是一件和这次发现的玉龙一样器型的玉器，如今就静静地锁在他的箱子里。于是，他就把那件玉器拿给专家进行鉴定。经中国著名考古学家苏秉琦先生鉴定，那是一件五千年前属于红山文化的黄玉玦型玉龙。这件玉龙呈勾曲形，选料上乘，雕工精细，形态优美飘逸，具有明显的红山文化的工艺特征，是中国龙文化最早的出土实物之一，是当之无愧的"中华第一龙"，堪称国宝级文化遗存。这件玉龙，是红山文化出土的众多玉器中的代表器物。

红山文化玉龙

在红山文化遗存中，还首次出现了神的崇拜。上世纪80年代，人们在属于红山文化的牛河梁文化遗址，发现了一座女神庙，并在庙内出土了一尊泥塑的女神像，女神的双眼用绿宝石镶成，双目炯炯，体内有人骨的遗迹。据专家推测，这座女神像极有可能是将真人泥塑而成。这种女神崇拜，让人联想起中国神话传说中的女娲。已经有专家学者在指出红山文化与女娲的联系，但由于红山文化的时代还没有文字，所以，这种联想还只不过是一种猜想而已。

就在牛河梁女神庙附近一公里处，还有惊人的发现。在那里，有一座小土山，经勘探发掘发现，小土山完全是由人工夯土堆砌而成，呈圆锥形，高十六米，底部直径四十米，外部原来砌有巨石。在土山的顶部，发现了一千五百多个炼铜的坩埚。在土山的周围，坐落分布着三十多个堆积石冢。这座土山被考古工作者称为中国的"金字塔"。关于这座"金字塔"的用途和含义，专家学者还在探讨和争论，众说纷纭。但是，有一点是可以肯定的，那就是，这些被发现的炼铜坩埚表明，经过漫长的进化，古人类开始慢慢告别石器时代，进入一个全新的金属时代。在这个全新的时代里，由于人们学会了熟练地使用金属，人类的生产能力会更加发达，社会结构也会更加紧密和完善，相应地，也会有更加残酷的事情发生，比如战争和杀戮。更加重要的是，在这个新的时代里，中国人发明了自己的文字，历史、思想和科技将被详细地记录，中国古代社会的文化将会空前地繁荣起来。

五 大汶口文化和龙山文化中的文明萌芽

关于人类的早期文明，世界上许多历史学家和考古学家都给出了自己的标准和定义。综合这些学者的意见，一个远古文明的认定，大致有如下标准：城市的建造，宗教礼仪场所遗址，文字的诞生与青铜器的冶炼和制造。值得注意的是，这些标准所描述的事物，在大汶口文化和它后来的发展形态龙山文化中，都已经不同程度地存在了。

大汶口文化
彩陶盆

大汶口文化是中国新石器时代晚期的文化，于1959年在今山东泰安大汶口一带被发现。它存在于公元前4000年或者稍晚，于公元前2000年左右过渡为龙山文化。和其他地方的中国早期文化遗址一样，大汶口文化和龙山文化也出土了许多精美的陶器、玉器和象牙雕刻品。所不同的是，在大汶口文化遗址中，已经出现了排列整齐的氏族公共墓地，说明这时已经出现了较为成熟的丧葬制度和祭祖礼仪。墓地中的随葬品丰俭不一，有的随葬了玉器、象牙雕品、龟甲等；有的则一贫如洗，几乎一无所有。这说明随着社会的迅速发展，这时已经出现了贫富悬殊

龙山文化彩陶盉

的现象。在龙山文化中，则发现了夯土地基和土坯砌墙的房屋建造技术，以及城墙和水井等城市遗存。在这些遗址发现的精美陶器上，常常能够看到刻有象形的刻画符号，这些符号通常被专家们认定为是成熟文字的雏形。最后，在龙山文化的许多遗址中，有多处发现了铜器，说明这时的铜器冶炼和制造已经开始起步。

综合这些因素，说明大汶口文化和龙山文化所代表的远古人类社会，已经将他们的一只脚踏入了人类文明的门槛。

龙山文化白陶鬶

传说的时代

在石器时代的远古中国，虽然还没有文字记录，但是，却留下了许多传说和神话故事。这些远古的传说和故事，通过歌谣、石刻和口口相传等形式，一代一代地流传下来。这些传说和故事，被记录在古代的诗歌总集——《诗经》、先秦诸子的著作、早期儒家经典以及民间的歌舞、戏剧、传说中。由于年代久远，这些传说都带有某种程度的神话色彩，无法被证实。但是，神话传说对于一个民族文化的意义，不在于它的真假，而在于它的思想内涵，在于它为什么会被创作出来。从这个意义上讲，远古的神话传说，仍是华夏民族文化的宝贵财富，是我们民族文化的源头。

　　《诗经》是中国古代的一部诗歌总集，分"风""雅""颂"三部分。据宋代学者郑樵的解释，"风"是风土之音，也就是各个地方的民间诗歌。"雅"是朝廷之音，是官方的诗歌，内容是表现王政之兴废。"颂"是宗庙之音，也就是在宗庙之上将自己本民族的盛德和成功通过歌唱，告知于神明。传说这些诗歌原本有三千多首，后来被孔子删减为三百零五首，并为它们配上了相应的音乐，使它们便于歌唱。所以，中国远古时代的诗歌，是配有音乐、可以歌唱的。

　　我们今天能够看到如此大量的中国远古时代的诗歌，得益于中国古代的一种制度，即"轩轩采诗"制度。至少在周朝，就有了这样一种完备的采诗制度。据古籍记载，当时的王室设有专门的机构和官员从事到民间各地去采诗的活动。这种官员的名字叫作"轩人"或者"行人"。这种制度的设立，一开始是为了王室统治者能够深入了解各地民情，观各地民风，而有益于王政。在中国先秦典籍《国语》中，就描述了在庙堂之上、议政之时，各位公卿列士献诗、太师陈诗的情景。孔子也说过"不学诗，无以言"这样的话。由此可以看到当时的王室统治者对从底层采来的这些民间诗歌的重视。正是由于这种完备的采诗制度的存在，才使得中国上古时期原本口口相传的民间诗歌得以完整保存，成为中华民族最珍贵的宝藏。

　　《诗经》中的作品原本采自民间，它们以歌谣的形式存在，是押韵和可以歌唱的，并且没有经过文人雅士的加工润色，基本保持了它们的原始风貌。《诗经》作品的这些特点，对学术界考察上古时期的语言和时代面貌，提供了可贵的证据。比如，《诗经·豳风》中有一篇《七月》，据学者梁启超考证，从其内容看，应为周人从豳（地名）向岐（地名）迁徙之前的民间作品，而且其中的诗句"七月流火，九月授衣"等等，使用的都是夏朝的历法，因此可以推定，这是一篇夏朝民间的作品，是《诗经》三百零五篇中最古老的一篇。再比如，《诗经》中有《商颂》五篇，是商代郊祀的乐章，一直到春秋时的宋国还在沿用，因此得以传之后代，我们也因此可以从中看到商代祭祀时的情景。另外，《诗经》中有大量篇名，如《邶风》《鄘风》《唐风》《魏风》等等，都是春秋之前旧国国名，因此，梁启超先生推断，《诗经》中的大部分作品应该是西周末东周初的作品。如果从其中最古老的诗篇到最晚近的诗篇估计，《诗经》应属于公元前3500年左右至公元前2700年左右的作品。

明刻本
《诗经·小雅》

中国远古时期的一些神话故事，也靠《诗经》得以保存。比如，在《商颂·玄鸟》一篇中就记载了这样的故事：帝喾和他的次妃简狄到郊外去沐浴，遇见天上降下一只黑色的神鸟，这只神鸟遗落了一只鸟卵在地上，简狄吃了，就怀孕了，于是就生下了后来商朝的始祖契，从此开辟了商朝五百多年的历史。再比如，在《生民》篇和《閟宫》篇中，讲述了这样一个故事：有邰氏（古代氏族名）的女子姜嫄，因为没有孩子，就到郊外去求子，因为踩踏了天帝的足印而怀孕，生下了周朝的祖先后稷。生下后稷后，姜嫄以为不祥，心生恐惧，就三次把他抛弃，却三次被神奇地救起。第一次，她把后稷扔在一个窄巷子里，但是牛和羊都跑过来保护他；第二次，后稷被扔在一个树林里，正好赶上有人前来伐树，又把他救了；第三次，后稷被扔在了寒冰之上，这时却有一只大鸟飞来，用巨大的翅膀护住他，温暖他。大鸟飞走后，后稷终于哭出了声，他的声音洪亮悠长，回荡在上空。后稷长大后，表现出了种庄稼的卓越才能，并因为有功于农业，而被舜帝封在邰地，后来成为周朝的始祖。后稷不仅仅把农业当成一种生产技术，而且当成一种教化之本。在他之后，天子率诸侯大臣亲自扶犁耕种，率先垂范，成为一种国家制度和习惯。后人为了纪念他，把中国的一种农作物就称为"稷"，国家的别称也叫作"社稷"。

　　这些故事，为我们传达了远古历史的一些信息，展现了远古人神奇的想象力，但是，故事中所描述的时代却互有错乱，不能自圆其说，因此，我们还是把它们仅仅当作神话故事看待比较妥当。在古代中国，保存了远古神话故事的，还有先秦诸子、儒家经典和《山海经》《淮南子》等著作。

二 盘古开天地

中国人在谈到自己悠久的历史时，总爱说这样一句话：自从盘古开天地，三皇五帝到如今。由此看出，中国人是把盘古开天地的故事当作自己民族的《创世纪》看待的。所以，从逻辑上讲，我们应当先来讲述这个故事，看看中国的先民是怎样想象宇宙和天地的诞生的。但是，从历史文献的发生顺序，这个故事其实应当推后再讲。因为盘古开天地的故事其实并不见于任何中国的前秦典籍。鲁迅先生在《中国小说史略》里引述这个故事时，是转引自《艺文类聚》中的《三五历记》。《艺文类聚》是唐人欧阳询所编的类书。《三五历记》是三国时吴国人徐整讲述三皇五帝的著作，原作早已佚失，只有一些散章保存在《艺文类聚》里。但是盘古开天地的故事的流行，会比三国时期要早些。因为我们现在可以从汉画像石中，看到盘古开天地的图画。也就是说，据现有的证据，这个故事应当产生于汉代。据饶宗颐等学者考证，盘古开天地的故事应当是佛教东传以后产生的，不早于东汉末年。

关于盘古开天地的故事，徐整在《三五历记》和《五运历年记》中是这样说的：

在最初的时候，天地是混沌的，形状就如同一个鸡蛋。后来，混沌之中就诞生了龙首蛇身的盘古。一万八千年过去了，突然天地开辟，阳清的就升为天，阴浊的就沉为地。盘古也随着这一巨大的变化而一日九变，变得比天地还要神圣。天每日升高一丈，地每日加厚一丈，盘古也每日增高一丈。如此又过了一万八千年，天变得极高，地变得极厚，盘古也变得极为高大。他嘘一下，就形成了天地间的风雨；他吹一下，就形成了天地间的雷电。当他睁开眼睛时，就是天地间的白天；当他闭上眼睛时，就是天地间的黑夜。后来，盘古死去时，他的骨节化为一望无际的山林，他的身体化为浩瀚无涯的江海，他的血液化为了湖泊，他的毛发化为了草木，他的左眼化为日，右眼化为月，四肢五体化为四极五岳。盘古之后，才有了三皇。

　　仔细体会这一神话故事，我们会发现，中国的古代先人们，是把盘古看作是三皇之前的第一圣人的。盘古之后，才有了三皇五帝，才有了人文历史。另外，我们还能从中看到古人的一个重要观念，那就是，盘古是生于自然、死化自然的。他实际上是大自然的化身，是一位自然之神。这一点，与老子学说的"道法自然"学说极为相似。理解了盘古，有利于我们理解中国古人关于自然神的观念。这种自然神观念与西方人格神的观念有很大不同。在西方《圣经》的《创世纪》里，上帝是一位外在于宇宙天地的人格之神，是他以自己巨大的力量创造了天地万物。而中国古代的盘古，则是孕育于自然之中，与天地一起变化生长，死后又化为天地万物。这个神话故事流传到明朝，又增添了盘古左手执凿、右手执斧、劈开天地的说法，此为后世文人加工润色，已与中国古人原意背离很远。现在我们在古代的早期文献里已经找不到这种说法了，此为后世读者应当了解的。

盘古开天石雕

三 三皇五帝

在中国古代的典籍中，有无数的典籍都提到过中国上古时代的帝王——三皇五帝，这个词语因此而为中国普通大众所耳熟能详。《周礼》上说，"外史掌三皇五帝之书"，这是我们见到的最早提到三皇五帝的记载，在周朝就有了。但是，三皇五帝都是哪些人，在不同的典籍中，却有不同的说法。据统计，三皇在不同的典籍中有八种说法，五帝在不同的典籍中有六种说法。在这里，关于三皇，我们将采用汉朝班固所撰的儒家典籍《白虎通》中的说法，三皇为：燧人、伏羲、神农。汉章帝时，朝廷为了统一今文经学和古文经学的观点，召开了白虎观学术会议。会议的讨论结果由班固编撰成书，就是《白虎通》，所以这是汉朝一部重要的儒家经典。《白虎通》虽然明确了三皇的名字，但却没有详细地排列三皇的时代顺序。在这里，我们参考唐代学者司马贞所著的《史记补·三皇本纪》，将三皇的年代顺序排列为：燧人、伏羲、神农。关于五帝，我们将采用汉朝司马迁所著《史记·五帝本纪》、汉朝礼学家戴德所传《大戴礼记》和《孔子家语》中的说法，列定五帝的名字为：黄帝、颛顼、帝喾、尧、舜。《孔子家语》历来被视为三国时王肃所作的伪书，但是，考古工作者在1973年、1977年的两次汉墓发掘中，均发现了《孔子家语》的汉代竹简古本，证明伪书之说纯属子虚乌有。《孔子家语》和《大戴礼记》中，均有《五帝德》篇，两篇文字大致相同，用孔子和弟子宰我对话的形式，对上古五帝及其事迹进行了叙述，是有关上古五帝的重要文献，司马迁写作《五帝本纪》也大致取材于此。

这里再多说一句，也许有读者会问，为什么是五帝，而不是六帝或者四帝？五帝的名称和中国古代"五行生胜"理论有关。五行是很古老的学说，孔子就从老聃那里听说过。战国时有位学者叫邹衍，他写过一篇《主运》，讲的就是这个理论。五行就是金、木、水、火、土。这五种物质的关系是相生相克，即：土克水、木克土、金克木、火克金、水克火。同样，人类社会演化和帝王更迭也会按照这个规律来进行。这样，王权的更迭才上应天德，具有合法性。在《孔子家语》里，季康子曾向孔子请教："请问何谓五帝？"孔子回答说："我曾听老子说，天有五行，金木水火土。分时代而化成万物，其中的神者就是五帝。古代的王者更替后改号，就取法五行。"这个回答明确了五帝和五行的关系。在《尚书·甘誓》中，夏启历数有扈氏的罪过，其中一条就是"威侮五行"，是说他对远古五帝不敬，而并非说他侮辱了金木水火土。后人不了解五行理论的初衷，把它当成一种早期的科学理论，是不对的。

（一）燧人氏

由于年代久远，且无文献考证，燧人氏的事迹记载很少。他最主要的功绩就是发现并开始使用火，教给人们吃熟食。在战国时的著作《韩非子》中对燧人氏进行了这样的描述：在上古之时，百姓吃的是野生的瓜果和鱼类蚌蛤等东西，这些东西生硬而且腥臊恶臭，容易伤害人的腹胃。因此很多人吃了后就生病了。这时，就有一个圣人出现了，他发明了钻木取火，用火来烧熟饭食，除去食物的腥臊臭味，并把这一方法教给人们。于是民心大悦，人们就拥戴他做了天下之王，并送给他一个称号叫"燧人氏"。这是我们见到的对燧人氏的最早的描述。值得注意的是，

燧人氏雕塑

《韩非子》在叙述燧人氏的时候，还提到另一位上古圣人——有巢氏。据说他发明了构木为巢的方法，教给人们建造房屋，以避禽兽虫蛇之害，人们也因此拥戴他为天下之王，并称他为"有巢氏"。有巢氏和燧人氏是否真有其人，由于年代久远，已无法确证，我们不妨一并把他们当作那个时代中华民族圣人的代表，是他们把文明之火和生产生活技能传授给了百姓。

在东晋人王嘉所著的《拾遗记》里，对燧人氏是如何发明钻木取火的有更为详细生动的记述。书中记载：过去有个燧明国①，没有四季轮回，也没有昼夜更替。那里的人们也不会死，等他什么时候厌倦了他就死了。燧明国里有一棵大树，叫燧木。这棵树长得非常高大，树荫覆盖达万顷之多，平时树荫间常有云雾缭绕。有一次，一位圣人来此游历，看见一只鸟落在树上用嘴啄树，不时地有火星迸出。这个圣人忽有所悟，就从燧木上折下一截树枝在树干上钻，于是便出现了火。这个圣人就是燧人氏。

在西方古代传说中，有一位普罗米修斯，是他把火带到了人间。燧人氏就是中国的普罗米修斯。

伏羲画像

从燧人氏的事迹来推断，他应该是旧石器时代的人。那个时候，有了火，因此也就有了熟食，有了烧制的简单的陶器。但是还没有金属制品，也没有文字。

（二）伏羲

伏羲，也作宓（fú）羲、庖牺等等。传说为风姓，是燧

---

① 燧明国，据说在现在的河南商丘一带。

人氏之子，也是中华民族人文始祖之一。传说，他是母亲华胥氏到雷泽①游玩，踩踏了巨人的脚印而怀孕十二年后生下的。他的名字在众多先秦典籍中都有记载。最早提到伏羲的，是战国时所著的《庄子》。《庄子》在提到伏羲时有三种不同的提法，表明那个时候伏羲的传说在各地流传中还没有成形，名字也还没有统一。据各典籍记载，伏羲的事迹很多，而最主要的是他发明了八卦。汉朝的司马迁在写作《史记》时，由于年代久远，文献不足，未能把伏羲列入本纪，但他还是留下了一句话："我从先人那里听说，有个伏羲道德纯厚，是他发明了易和八卦。"这说明，发明八卦是伏羲的主要功绩，在当时已经流传很久。

伏羲创八卦

　　易和八卦，是中国古代的一套占卜系统。中国古人在遇到重大抉择和疑难问题时，都要进行占卜，祈告上天，以求得答案。占卜的办法有两种，一种叫作卜，一种叫作筮。卜，是使用龟壳，将祷告词刻在上面，然后钻洞，放在火上烧，根据烧出的裂纹走向，得出答案。这种占卜的方法在河南安阳小屯村出土的大量龟壳和上面的甲骨文中得到证实。筮，是使用蓍草（又称蚰蜒草，锯齿草），占卜的办法就是八卦系统，叫作易。易和八卦系统最初由伏羲创造，叫作伏羲八卦。后来，又有由周文王创造出的另一种系统，叫作文王八卦。据说后来，又由孔子对这一系统加以整理，加入了自己的解说，如《系辞》《文言》等等，成为儒家的经典，被称为《易经》。在战国典籍《左传》中，有古人同时使用两种占卜方法，然后在两种答案中选择其一的描写。八卦符号，不仅仅是一种占卜工具，而且还是中国汉文字的雏形和先声，从这一点讲，伏羲也是中国文字的创造者和发明者。这一点，汉朝许慎在写作《说文解字》、叙述中

――――――――――――

① 雷泽，地名，在今山东菏泽一带。

国文字的演化流变时，已经作出了说明。

在《易经·系辞下》中，这样描述了伏羲发明八卦的过程：

古代的时候，伏羲做了天下之王，他抬头仰观天象，俯首观察地上的法则，他观察到鸟兽身上的花纹和地理环境的关系，近处从自身取材，远处从万物取材，终于发明了八卦。八卦向上能通达神明的德性，向下能概括归类万物的情形。伏羲死后，神农兴起；神农之后，又有黄帝、尧、舜兴起。但是，《易经》的发明，能够使人民顺应和了解这些变化；同时也能够使神明的旨意化为民众理解的东西，使民众和神明能相互适应、和谐。

这段话，既详细论述了伏羲发明八卦的长久深远的意义，又描述了伏羲发明八卦的过程，揭示了八卦字符的形成特点。伏羲在作易时，是观察了上天和大地的各种物象、取材于自身和万物的形象而创造形成八卦字符的。八卦字符，后来成为汉字的来源之一。比如，八卦中的坎卦形状，就和后来"水"字的篆书体极为相像。这是后来汉字为什么会成为象形文字的最原始的原因。

除了发明八卦，伏羲还有许多别的创造和功绩。比如，他制定了以俪皮为礼的男女嫁娶制度；他用绳子打结的方式做成网罟，用来捕鱼和打猎；他还制作了琴、弦、瑟等乐器，等等。

关于伏羲，还有一段故事流传。据唐末李亢的《独异志》记载，伏羲有一个妹妹，叫女娲。在宇宙初开时，只有兄妹二人住在昆仑山上。为了人类能够繁衍，伏羲特地祷告上天，如果允许他们兄妹结成夫妻，就让眼前这两团烟合在一起；如果不允许，就让这团烟散了。话刚说完，两团烟就合在了一起，于是伏羲、女娲兄妹二人结为夫妻。这段故事，表现了人类社会处在早期原始社会时婚姻制度还不完备的状况。

（三）神农

神农，就是炎帝，姜姓。据唐朝司马贞《三皇本纪》记载，神农的母亲叫女登，是有乔氏的女儿，她嫁给了有熊氏部落首领少典为妃。一次，女登到华阳游玩，遇到神龙缠绕而怀孕，生下神农。神农为人身牛面，也有的书中说是人身龙面。由于神农在姜水边长大，就姓了姜。因为有火德而王，所以称为"炎帝"。这个炎帝，和《史记》中说的"与黄帝三次大战于阪泉"的炎帝应该不是同一个人。因为据司马贞《三皇本纪》说，炎帝之后，又过了八代人（约

神农雕像

530年），黄帝才兴起。合理的推测是，530年后，和黄帝大战于阪泉的是炎帝部落的另一位首领。大战之后，黄帝部落从此取代了炎帝部落，夺取了统治权。司马迁《史记》中的有关记载也不认为这两个炎帝指的是同一个人。

说起神农，各种典籍中记载，他取得了两件伟大的功绩。一是他发明制作了农用工具耜和耒，教给人民如何耕种。在石器时代时，人

神农尝百草浮雕

们只是以打渔捕猎为食。随着人口的增长，这些食物就不够吃了。于是，神农教给了人们观察天时，利用地利，又制作了工具，自己生产出粮食来供人们食用。人们感到这些方法很神奇，因此称他为"神农氏"。这些方法的使用，是古代社会的人们从向大自然索取的阶段过渡到征服和利用自然阶段，从渔猎社会过渡到农业社会。神农还有一件广为人知并被人歌颂的事迹，即神农尝百草。传说他

为了找到草药，曾经手拿一把赭色的鞭子，无论见到什么草木都用鞭子抽打，然后闻一闻，尝一尝，来辨别这些草木的性质是毒性还是平性，是性燥还是性寒，等等，以此告诉人们什么能吃，什么不能吃。最严重的时候，神农曾经一天之内身中七十种毒。最后，他终于确定了三百六十五种草木的药性。后来人们把这些草药的药性、特点等总结归纳成一本书，就是有名的《神农本草经》，它是中国最早的药学专著。也有书中记载，神农最后就是因为尝了一种叫断肠草的植物而死去的。

（四）黄帝

黄帝

黄帝是五帝之首。据《五帝本纪》说，黄帝是有熊氏部落少典的儿子，姓公孙，名轩辕。也有学者对司马迁的这种说法有异议，认为黄帝是在姬水旁长大，应当姓姬。黄帝一出生就有神异之气。他出生不久会说话，很小时就思虑敏捷，长大后他见闻广博，明察秋毫，无所不通。黄帝成人的时候，神农氏部落开始衰落，诸侯之间互相攻伐，侵害百姓，但炎帝却无力讨伐，视而不见。于是，黄帝就开始习兵整武，前往征讨那些叛乱不服的诸侯。各路诸侯纷纷前来归顺。那些受到炎帝欺凌的诸侯也纷纷归顺了黄帝。于是黄帝开始了大战前的准备。他内修德行，外整兵马，广种粮食，安抚万民，训练熊罴、貔貅、貙虎等图腾部落的军队。后与炎帝开战于阪泉①的野外。经过三次大战之后，黄帝取得了胜利。这时，实力最强的部落首领蚩尤又开始叛乱，拒不归顺黄帝。因此黄帝又率领各路诸侯，开始了对蚩尤的讨伐，与蚩尤部落大战于涿鹿郊外。结果黄帝大胜，擒住了蚩尤，并把他杀死。于是，各路诸侯共同推举他为取代神农的天子，号称"黄帝"。

从此，黄帝开始东征西讨，到处平诸叛乱，一刻也不得停歇。不

---

① 阪泉，今河北省涿鹿县东南。

久，他就获得了东起东海、西至崆峒[1]、南至湘江、北至荤粥[2]的大片土地，并与诸侯大会于釜山，建都涿鹿。从《五帝本纪》的叙述可以看出，黄帝是第一个大规模使用武力征服诸侯、扫平天下的天子。

平定天下之后，黄帝治国有方。他制定了国家的职官制度，设置了大监，负责监督天下的各个部落。同时，他选拔任用了一批贤良德能之士来治理国家，制定各种冠服，建造宫殿堂宇。他还种植多种粮食作物，使当时的原始农业取得了进一步的发展。在黄帝时期，民族国家制度基本成型。

晋代学者皇甫谧说，黄帝活到一百一十岁，共在位一百年。但也有另一种说法，说黄帝活了三百年，最后成了仙。在《孔子家语》里，孔子的弟子宰我专门就这个问题请教了孔子。他问道："我曾听说，黄帝活了三百岁，请问黄帝是人还是非人？他怎么能活三百岁呢？"孔子回答说："黄帝在位时，人民依赖他而生活，这是一百年；他死后，人民敬畏他的神明，这是一百年；后来人民一直沿用他的教化制度，这又是一百年。从这个意义上说，黄帝活了三百年。"

黄帝陵

孔子的这个解答是聪明睿智的。中国历史上还有很多这样类似神话的叙述，比如，某个帝王活了几百岁云云，都可作如是观。

在署名周代程本的古籍《子

---

[1] 崆峒，在今甘肃平凉。

[2] 荤粥，早期部落名。

华子》里，这样描述了黄帝死去时的情景：黄帝扫平了天下，制定了各种官吏制度之后，开始在首山（在今河南）大规模采铜，并建立了大型冶炼炉，铸造了一只神鼎。他铸造神鼎的目的是为了祭祀天神，向神灵进行祷告。铜鼎铸成之时，突然天上飞下来一条龙，把黄帝接走了，说要带他去觐见天帝。群臣和百姓无法跟随，就奔走哭嚎，他们拽住了龙的胡子，拉住黄帝的衣服，把黄帝的外衣和弓拽落在了地上，但是也没有留住他。黄帝得道升天后，官吏和百姓就把他的衣冠葬在了黄陵县城北桥山顶上的黄帝陵中。现在，那里仍存有汉代以来各个朝代所建立的碑、亭、祠、庙，历代祭祀不绝。

黄帝采铜铸鼎、祭祀告天的传说，让我们想起红山文化中的堆土金字塔和塔顶发现的炼铜坩埚。如果按此推断黄帝的年代的话，他应该属于红山文化时代。但这也仅仅是推测。

（五）颛顼

颛顼，名高阳，是黄帝的孙子。楚国诗人屈原的名作《离骚》的第一句"帝高阳之苗裔兮"，就是说自己是颛顼帝的后代。《五帝本纪》里说他性格安静深厚，足智多谋。在他任内，疆土又有了进一步的扩大，以至"日月所照，莫不砥属"，也就是说，太阳和月亮能照耀到的地方，都是他的疆土。有关颛顼的传说很少，在《五帝本纪》里叙述他的事迹只用了一百多个字。但是，有一则与他有关的传说却在中国广为流传，那就是颛顼和共工争夺帝位的故事。在古代典籍《列子·汤问》和《淮南子·天文训》中，都有关于这个故事的记载。传说，颛顼和炎帝的后代共工争夺帝位，共工失败后，一怒之下，一头撞上了不周山，不周山是一根撑天拄地的巨柱，竟被共工拦腰撞断。因此，天穹开始向西北倾斜，日月星辰都因此而移动了位置；大地的东南方向变得低洼，洪水百川都开始向东南方流去。颛顼和共工争夺帝位的故事表明，在颛顼扩展疆土的过程中，仍然存在着许多大大小小的战斗。这场战斗，也可以看作是黄帝和炎帝作战的继续。

（六）帝喾

帝喾，名高辛，是黄帝的曾孙。传说他非常聪明，一出生就能叫出自己的名字。长大后，他既能深谋远虑，又能体察入微。十五岁时，他就开始辅佐颛顼，四十岁时登上帝位。由于帝喾自身修养深厚，德行很高，总是为百姓着想，所以深受百姓爱戴。帝喾在位七十年，天下大治，人民安居乐业。他的元妃就是我们上面曾讲过的有邰氏之女姜嫄，他们生下的儿子叫后稷，是周朝的始祖。还有记载说，帝喾的次妃是简狄，生下的儿子叫契，是商朝的祖先。商朝和周朝相隔几百年，年代相差太远，所以我们只能以传说视之。

（七）尧舜禅让

名列司马迁《史记·五帝本纪》的还有尧和舜。尧和舜都是中国历史上著名的贤君和圣人，在中国人的心目中有崇高的地位。他们的主要功绩和事迹就是施行禅让制度，将自己的帝位禅让给贤能之人，而不是交给自己的亲属或后代。《吕氏春秋》是这样赞颂尧舜的禅让制度的："尧有十个儿子，但他不把天下传给自己的儿子，而是传给了舜；舜有九个儿子，他也是不把帝位传给儿子，而是传给了禹，这才是至大至公啊。"但也有一部分古代典籍否认禅让的存在，认为在权力移交的过程中，使用了某种程度的暴力。但这种说法总体上讲不能否认，在中国上古时代，政权是向异姓贤者移交后来才过渡到向自己亲属后代移交的"家天下"的历史事实；同时也不能否定中国人历代以来"选贤与能""天下为公"的美好愿望与价值取向。

下面，我们从古代典籍对尧的描写中看看为什么古代会有禅让制度。

尧，号陶唐氏，是帝喾的儿子，名放勋，历史上称作"唐尧"。《史记》中对他的描述为"其仁如天，其知如神"，意思是说，尧是既仁义又有智慧的贤君。在尧的时代，做君主是一件非常艰苦的事情。汉朝典籍《淮南子》是这样描述尧做君王时的情景的：尧当上部落联盟首领后，同大家一样，住茅草屋，吃粗茶淡饭，穿布衣，衣服鞋子直到破烂不堪才更换。在这样艰苦的条件下，尧肩负的是天下的大任，承受的是万民的忧虑。所以，当他把天下交给舜时，他感到如释重负的轻松。

传说，他在发现舜之前，还曾有过把天下交给其他人的想法，但都被拒绝了。在《庄子·让王》中，描述了这种情景：尧一开始想把天下让给许由，但许由不接受。他又想让给子州支父（人名），子州支父以自己身体有病为由，也拒绝了。《吕氏春秋》中，记录了舜帝把天下让给别人的两个故事。一个故事是说，舜帝想把天下让给他的朋友石户支农，石户支农说："你这个孜孜不倦的人，怎么也是个爱惜自己力气的人呐？"他认为舜的德行还没有达到极致，就带着妻子和孩子逃到海上去了，再也没有返回。另一个故事说，舜帝想把天下让给他的朋友北人无择。北人无择认为这是在羞辱自己，干脆投水自杀了。在先秦著作《荀子》里，还记述了禹曾想把天下让给奇子的故事。奇子说："你辅佐舜时很辛劳，凿山川，通河汉，头发都掉光了。我生性安逸，可不能像你那样辛劳。"可见，那时的君王不但生活艰苦，而且时常性命难保。所以，在那个时代，做天下的君王是又辛苦又有风险的职业，许多聪明人并不愿意选择，只有愿意付出且具有巨大责任心的人才可以承担。

尧在位七十年后，自觉年老力衰，于是他向下属咨询，有什么贤德之人可以代替他。尧问："你们认为谁可以继承我的大业？"大臣放齐说："你的儿子丹朱为人开明。"尧说："丹朱愚顽好斗，不能用。"大臣驩兜说："共工功劳显著，可用。"尧说："共工花言巧语，貌似恭敬，其实欺天，不可用。"尧又问："四方诸侯，我已经在位七十年了，你们谁能顺应天命，继承我的帝位？"四方诸侯说："我们德行浅薄，恐怕会玷污帝位。"于是尧让大家举荐一位贤德之人。大家都说舜可以。尧说："哦，我听说过他。这个人到底怎么样?"诸侯们说:"他是一个瞎子的儿子。他的父亲顽劣,母亲愚昧,弟弟狂傲,但他却能用孝道把一家人的关系处理得和谐融洽,从不发生冲突。"尧决定先考验考验舜。接着,尧对舜进行了一系列长期的考察。首先,尧把自己的两个女儿娥皇和女英嫁给舜,从舜怎样对待他的两个女儿来观察舜的德行如何。舜把娥皇和女英安排到妫水边上去住,告诫她们要遵守妇礼。尧很满意,接着就让舜去参与百官工作,百官工作因此变得很有秩序。尧又让舜进入山林大泽去执行公务,尽管遇到暴风雷雨,但舜没有迷路,顺利地完成了任务。总之,舜靠自己的智慧与美德,取得了很多政绩,使自己的英名远扬。尧认为舜贤圣,就打算把帝位让给他,但舜推说自己德行不足,不愿接受帝位。在尧的坚持下,正月初一,舜在祖庙接受了尧的禅让,代理天子之位。

代理帝位后,舜忙于到四方巡狩,又制定了各种礼仪和刑典,任命了各方官员,制定了三年一考核、三考一升降的官员考核升降制度,流放了作乱的共工和驩兜,杀掉了治水九年而无功又心怀不轨的鲧。由于舜治国有方,事事办得井井有条,因此使天下人都很信服。

大舜

还有一个关于舜的传说,就是由于舜长期在田野里受苦,他的双手变得很粗糙,手纹很深,手里有一个褒字手纹,所以他才能受到褒扬,荣登大位。

舜登上帝位之后,以礼乐治国而著称,他还像尧帝那样,注意发掘民间的人才。一次,舜像尧一样让大家推荐一位贤德之人辅佐他。大家都推荐禹。于是舜让禹去平定水灾。但是禹却推让,说稷、契和皋陶更贤德,比自己合适。舜没有同意,说:"就这样吧,还是你去吧。"禹就是因治水九年而无功被杀掉的鲧的儿子。禹接受了治水的任务后,汲取了父亲的教训,不敢有丝毫怠慢。他吃最简单的食物,穿最粗陋的衣服,住最破旧

大禹雕像

的房屋，常年在野外奔波。就这样，他一直在外工作三十年，三过家门而不入。他三过家门而不入的事迹，在民间广为流传，颇有美誉。在外期间，他夜以继日地努力工作，直到他找到了治水的办法。他将天下土地分为九州，改壅堵为疏导，将九川导入大海，才获得最后成功。最初，人们对禹的疏导方法很不理解，还是习惯壅堵的方法，直到禹用疏导的办法战胜了洪水，人们才对他信服，因此敬称他为"大禹"。

在治水的过程中，大禹的身体受到了严重的伤害。据说他变得面色黧黑，手和脚都长满了茧子。也有人说他得了偏瘫，行走时两脚不能交替向前迈，所以民间至今还把巫师作法时的一种奇怪的舞步叫作"禹步"。大禹治水成功后，威望空前，于是舜在祭天之后，将大禹立为储君。十七年后，舜帝驾崩，又过了三年守丧期，大禹才正式登上帝位，国号夏后。

登上帝位之后，大禹大会天下诸侯于涂山，并对诸侯进行计功行赏。此外，大禹还铸造了九鼎，以祭告上天。大禹能够铸造九鼎，说明当时的物质生产和铸造技术已经相当发达。同时，有记载说，大禹和诸侯们的功绩都被镌刻于金石之上，铸造在盘鼎之中，说明那时候已经开始有了文字。

大禹晚年，也像尧和舜那样，遵循禅让制度，选定了自己的储君益。大禹驾崩前，把帝位传给了益，而没有传给自己的儿子启。但是启是一位贤德之人，具有很高的威望。大禹死后，四方诸侯都不去朝拜益，而纷纷前去朝拜启。诸侯们说："我们的新君就是禹帝的儿子。"于是，启就登上帝位，成为夏后帝启。由于启是大禹的儿子，所以，这次权力的更替，被史家称为"夏传子，家天下"。从此之后，中国古代君王更迭的禅让制度正式消亡，成了传位给嫡子的"家天下"模式。古代帝王的禅让制度和与其相关的"选贤与能""天

大禹治水浮雕

下为公"的价值观在中国历史上一向被广为盛赞，至今在中国人民的观念里有着重大的影响。但由于禅让制度缺乏严格的制度设计，在政权移交过程中，每每有不同程度的暴力产生。而传位给嫡子的"家天下"模式，因为有严格的制度规定，就在一定程度上消除了使用暴力的可能性，弥补了禅让模式的缺陷，因此具有一定的历史合理性。

　　但制度也有制度的局限。比如中国历史上有名的无道昏君纣，就是依循"家天下"制度成为太子继而登上帝位的。据说，纣有两个哥哥，为妾所生，而纣是皇后所生，理应为太子。但是，纣的父亲想更立他的大哥为太子，遭到了太史的激烈反抗，最后，终于使这个荒淫的纣登上了帝位。所以，在中国历史上，在政权移交和更替时，是"选贤与能"还是崇尚"家天下"制度，始终是个矛盾。

　　为了弥合这两者的矛盾，孟子发明了"天"的概念。在他看来，人是不能随便把帝位让给别人的，能把帝位传给人的只有"天"。帝王的儿子是贤还是不肖，不是人力所能为，而是天决定的；把帝位传给贤人还是太子，也是天所决定的。所以，从这个意义上说，禅让还是继位，意思都是一样的。（《孟子·万章章句上》）

四　洪范九畴和十六字心法

和大禹有关的传说，还有两则。这两个传说都出自先秦儒家经典《尚书》。

我们先说第一个传说。周武王战胜殷纣之后，向箕子请教治理天下的根本道理。箕子就对武王说："古时候，鲧靠壅堵治理洪水，搞乱了五行的顺序和规律，惹得天帝震怒，就没有赐予他治理天下的大法。后来，鲧被诛杀，禹代替他继续治理洪水，天帝这才赐给他治理天下的九种根本大法。"接着，箕子详细地叙述了这九种根本大法的内容，依次是：（1）五行，就是水火木金土相生相克的理论；（2）五事，即王者的外表、言语、观察、倾听和思考；（3）八政，就是衣食、财货、祭祀、司空（官名，掌管土地）、司徒（主管教化）、司寇（主管捕盗）、迎宾和军旅八项行政事务；（4）五纪，即岁、月、日、星辰和历法五种纪时方法；（5）皇极，即君王的法则，就是崇尚道德，不偏不陂，做天下百姓的好君主；（6）三德，即正直、刚克、柔克三种不同的处理问题的方式；（7）稽疑，就是遇到疑难时所采用的占卜的方法；（8）庶征，即雨、晴、暖、寒、风五种气候对国家的影响以及显示出来的国家兴衰的征兆[①]；（9）五福和六极。五福是五种幸福的指标，即长寿、富足、健康安宁、追求美德和享尽天命。六极是六种痛苦指标，即短命夭折、疾病、烦忧、贫穷、邪恶和虚弱。这九种根本大法，就是洪范九畴。洪就是大，范就是规范和法规。这九种根本大法，

---

① 古人认为气候是上天对国家治理好坏的反应，用来给人以警示。

从价值标准到治理方法，从个人修养到行政措施，无所不包，蔚为大观。历史上，曾经有人怀疑洪范九畴是汉朝人的伪作，但现代考古发现证明，这至少是战国时的作品。早在战国时期，就有了这样成熟的管理方法，令人惊叹。它对中华文化史具有非凡的意义。

　　第二个有关大禹的传说，是舜帝临终向大禹传位时，曾经向大禹口授了一段政治遗言。据《尚书·大禹谟》记载，舜帝是这样说的："过来，禹。天降洪水警告我们，能够成功治理全靠你的贤德。你勤于国事，俭于持家，从不自满，就是你的贤德。因为你可以做到不自负，不骄傲，天下没人能与你相争。我赞扬你的德行，褒奖你的功绩，上天的运数也在你身上，你终归会登上大位。人心险恶莫测，天道晦暗难识。唯一的办法是精心分辨，专心研究，执守中道。没有根据的话不要听，没有征询过的计谋不要用。民众爱戴的是君主，君主敬畏的是民众。没有君主民众拥戴谁？没有民众谁来守卫国家？你要谨慎执掌你的帝位，敬修你的品德，来达成你的愿望。如果天下穷困，你的天命也就终止了。因为语言最容易引发歧义，我也就不再多说什么了。"舜帝遗言中的"人心惟危，道心惟微，惟精惟一，允执厥中"四句，被后世儒者概括为"十六字心法"，同时被奉为宝典，影响深远。宋朝学者朱熹就极为推崇这十六个字，认为这是古代圣贤的唯一宝典。学者们还认为，这个心法，是尧传给舜、舜传给禹的。舜传给禹，见于儒家典籍《尚书》，至于尧传给舜，我们在原始典籍中还没见到，姑且作传说视之吧。曾有学者指出，这"十六字心法"是出自跟当时通行的《尚书》不同的且新发现的"古文尚书"；还有学者考证出，它实际上是抄自《荀子》里的几句话。文献的真伪是一个复杂的学术问题。这里，我们不作真伪的考辨。但这几句话深深地影响了宋儒和以后的中国文化，却是一个历史事实，值得人们认真思考。

五 女娲造人和补天

关于女娲的故事，年代上有些混乱。《风俗通义》上说，女娲存在于人类发现之前，是她抟土造人，制造了人类。按照这种说法，女娲存在的时间应该远在三皇之前。早在战国时期，著名诗人屈原就对这种说法提出了质疑，他在《楚辞·天问》里质问："女娲有体，孰能匠之？"意思是说，既然女娲制造了人类，那么，女娲的身体又是谁制造的呢？东汉学者高诱和晋代皇甫谧则认为，女娲和伏羲一样，是风姓，也是蛇身人首，她是辅佐伏羲的助手，伏羲死后，她继承了伏羲的帝位，成为女帝。唐代学者李冗的《独异志》则认为，女娲和伏羲是兄妹，是他们两个结合创造了人类。而记载女娲补天故事的《列子·汤问》和《淮南子·览冥训》则认为，女娲补天是在颛顼和共工争帝之后发生的事，这样，女娲就成了五帝之一颛顼帝同时代的人了。

关于女娲造人，《风俗通义》中说，最初的时候，天和地刚刚分开，那时还没有人类。女娲就试着用手抟黄土做人，做了一个又一个，女娲感觉太累了，力气不够用了，于是就用绳子蘸着泥水甩出去，成为一个一个的小人。所以后来就产生了两种人：富贵之人，就是女娲用黄土捏成的人；贫贱者，就是女娲用绳子蘸着泥水甩出来的人。这个故事表现了女性氏族社会时期，人们对人类来源的大胆猜想，也表现了人们对富与贫、贵与贱的人类社会差别的最原始的理解。

关于女娲补天的故事，在《列子·汤问》和《淮南子·览冥训》

中都有记载。据说，在古代，共工和颛顼争帝位，共工失败了，一怒之下，他就一头撞上了不周山，瞬间支撑天庭的柱子断了，导致天塌地陷，野火炎炎不灭，洪水泛滥不息，猛兽不断地吃人，恶禽攫走了老人和孩子。这时，女娲出现了。她炼出五色石把破损的苍天补好；同时砍断了巨鳌的四只脚，把大地支撑起来；又杀了一条巨大的黑龙做桥梁，使冀州的百姓能够通行；又把芦灰堆积起来，挡住了洪水。从此，人民的生活逐渐恢复了安宁。这个故事在中国影响深远，它表现了中国远古先民们在氏族首领的带领下，勇敢艰辛地和大自然的灾害做斗争的情景。

女娲补天雕像

六 后羿射日和嫦娥奔月

　　羿是中国古代神话传说中神勇的弓箭手。和许多神话传说人物一样，羿的传说年代混乱，从帝喾时代到唐尧时代，再到夏朝太康年间都有。以至于有学者怀疑，羿和后羿是不是同一个人。也有一些作家在叙述这一神话时，是把羿和后羿当作一个人来叙述的，比如战国时诗人屈原、民国时的作家鲁迅等等。在本书中，我们仍旧把羿的故事当作神话传说来看待，而神话传说，往往又有一个漫长的创作加工过程，出现年代混乱是常有的事。因此，我们在此也把后羿和羿看作一个人来叙述。

　　羿是尧帝时的射官，也是一员勇猛的战将，他参加过尧帝平定天下的一系列战斗。《淮南子·本经训》中说，尧帝时，天上同时出现了十个太阳，炎热烤焦了森林，晒干了庄稼，大地出现了严重的旱

后羿射日雕像

灾，人民没有粮食可吃，一些怪兽也趁机出来祸害民众。在这种危急的形势下，尧帝就命令羿将凿齿杀死在昆仑山下的寿华之野；将九婴杀死在凶水（水名，在北方）之上；在青丘湖畔射杀了大风；羿又弯弓向天，上射十日，下杀猰貐；在洞庭湖上斩断了修蛇；在桑林（地名）擒住了封豨。经过一系列的战斗，终于平定天下，于是民心大悦，将尧推为天子。

但值得注意的是，无论在《山海经》中，还是《淮南子》中，都是说羿射下了十个太阳，而不是说"羿射下了九个太阳，留下了一个"。直到东汉，学者高诱在对《淮南子》作注时，才有了"十日并出，羿射其九"的说法。东汉学者王逸在给《楚辞》作注时，也采用了这个说法。唐代道学家成玄英在为《庄子·秋水》作疏以及后来的神话小说《西游记》中，也都采用了"射九留一"的说法。看来，这大概是人们为了解释天空还有一个太阳的事实，对这个故事所做的进一步的加工整理。

嫦娥是羿的妻子。这在东汉学者高诱和张衡的著作里都有记载。他们说，嫦娥的丈夫羿从西王母那里找来了不死之药，还没来得及服用，就被嫦娥偷吃了。在偷吃之前，嫦娥非常犹豫，还请来了巫师占卜，结果是"吉"。嫦娥这才下定决心吃不死之药。结果吃后成了仙，飞到月宫上去了。《淮南子》说，嫦娥飞升以后，羿情绪低落，怅然若失。因为他不知道这种药是怎么做成的，一旦不死之药被偷吃，就无法再制出新的药了。据《孟子·离娄下》说，羿后来是被自己的徒弟逢蒙给杀死了。当时逢

嫦娥

51

蒙已经把羿的射箭本领全部学到手，为了能做天下第一射手，他就杀死了自己的师父。如果羿当时服用了不死之药，这一幕悲剧就不会发生了。

那么，嫦娥为什么会服药升天？其原因未见有古籍记载，后世人们的猜测倒有很多。鲁迅在小说《奔月》中的说法是，羿武艺高强，很快将周围的野兽射杀殆尽，后来，只好请嫦娥天天吃乌鸦炸酱面，嫦娥不堪忍受，只好离他而去。另一种说法是，尧帝当年派羿去平定叛乱，安抚夏民时，羿射杀了河伯，强娶了他的妻子洛嫔。洛嫔，是中国远古神话中的洛水女神，是古代著名的美人。羿强娶洛嫔的这件事极有可能影响了嫦娥和羿的感情，从而引起了嫦娥的不满，使她偷吃了不死之药并飞到了月宫上。当然，这也仅仅是后人的推测而已。

嫦娥奔月的故事在中国历史上产生了深远的影响，并由此产生了无数以此为题材的瑰丽诗篇。

七 夸父逐日

夸父是黄帝时代的一个部落首领，他行走如飞。《山海经》中记载，他曾经追赶太阳，等到追上的时候，口渴难耐，就去喝黄河和渭河里的水。黄河和渭河的水不够喝，他就到北方去找大的湖泊，还没有找到，就渴死在半路上。当时他遗留了一根手杖。有一天，那根手杖突然生根发芽，生出一片桃林，广袤延绵几千里。夸父死后则变成了一座山。

夸父逐日

这个故事表现了中国古人对大自然的好奇心以及征服、超越大自然的勇气。虽然在《列子·汤问》中，对夸父的这种行为略有微词，认为他是不自量力，但是，夸父的这个故事还是得到了很多中国人的赞颂。比如，中国魏晋时的诗人陶潜，就专门写了《读〈山海经〉》的诗篇，认为夸父和太阳的赛跑可以说不分胜负。而且，夸父死后留下的桃林，可以说功在千秋，造福后代。

第四章

文字的诞生

中国文字在远古时代就有了萌芽。比如，仰韶文化和良渚文化时期的刻画符号，伏羲所创的八卦符号等等。在没有文字之前，人们无法记录历史，一切只能靠人们口口相传，或保存在歌谣里，或刻画在石头上。直到人们在祭祀、问卜、礼仪、作战等生活需要中创造出了文字，文明的光芒才照临中华大地。有了文字，中国才正式进入了文明史，历史才得以记录，哲学思想得以繁荣，科技得以发明和传承。所以，文字的发明对于整个中华文明有着至关重要的意义。

一 仓颉造字

汉朝学者许慎在《说文解字·叙》中说，仓颉是黄帝的史官，是他创造了汉字。但据战国学者荀子说，当时喜欢写字的人很多，但只有仓颉一家传了下来。由此说来，仓颉算是众多汉字发明者当中出色的一个吧。所以，章太炎先生在《国学讲演录》中说："造字之初，非一人一地所专，各地各造，仓颉采而为之总裁。"

仓颉画像

关于仓颉的相貌，古籍上记载他有四只眼睛。传说，他是仰观了天上的星辰天象及地下的鸟兽足迹后受到启发，懂得了文字可以概括事物的特点以及可以把事物区分开的道理，从而发明了文字。这个过程也说明中国的汉字为什么是象形文字。许慎对此区分得更详细，他认为，仓颉最初根据实物的形状发明的象形文字，只能叫作"文"；后来象形之上又增加了读音，才叫作"字"；把字书写在竹简或丝帛上就叫作"书"。这个区分是严格的，也是科学的。根据这个标准，远古时期的那些刻画字符，甚至八卦字符，不能称为字，因为它们都还没有读音。

仓颉发明文字是历史上的一个大事件，据说在他发明文字时，出现了一系列异象——白天竟然下起了谷雨，夜间听到了鬼神的哭泣。唐代书画家和理论家张彦远在解释这些异象产生的原因时说，那是因为有了文字这个神奇的发明，上天再也不能隐藏他的奥秘，只好把谷物献了出来；鬼神再也不能隐藏他们的身形，所以发出了痛哭。这一解释，把文字能够探索大自然的奥秘这一伟大的作用，解释得再恰当不过。

另外，在一些典籍中，还列举了仓颉造字的一些例子，使我们可以从中想见仓颉造字时的具体情景。例如，在《汉书》中是这样记载的：仓颉造字时，把"止"字和"戈"字组合在一起形成了"武"字，意思是说，止戈为武，只有用武力制止暴力，平整叛乱，平息兵戈，才能真正称得上是"武"；而那种放纵残忍的行为不能叫"武"。

由此我们可知，仓颉在造字时，已经涉及汉字的六书原则。六书，就是汉字的六种构成方法和规则。许慎在《说文解字·叙》里详细论述了六书的法则。六书就是：（1）象形，即描画出其外观特征的造字法，如"日、月"等。（2）指事，即用象征性符号或在图形上加指示性符号来表示意义的造字法，如"上、下"等；（3）会意，即把两个或两个以上的字，按意义合起来表示一个新的意义的造字法，如"鸣"，指鸟的叫声，于是用"口"和"鸟"组成"鸣"字；（4）形声，即形旁和声旁拼合而成的造字法，如"江、河"等；（5）转注，即建立一类部首，某类相同意思的字都归于其下，如"考、老"等；（6）假借，即借用同音字表示新义的方法，如"令"，本义为"发号施令"，而"县令"的"令"本无其字，就从"发号施令"引申借来。

在中国历史上，六书一直是汉字的构成规则。但在五四运动之后，中国的汉文化受到了外来西方文化的猛烈冲击，中国文字拉丁化、字母化改造理论一时蔚然成风。1949年以后，汉字的几次简化方案，就是这种理论的实践尝试。这种尝试的优点是，汉字的识、读、写比以前更方便了，但是汉字自古以来的六书原则被破坏了。比如"爱"字当中的心被取消了；剩余的"余"，把食字旁去掉了，非常容易和表示"我"的"余"字相混。在数字化科技普及的今天，汉字的拉丁化、字母化还有没有必要进行，以六书为代表的汉字文化要不要保护，这是一个崭新的课题。

二 甲骨文的发现

甲骨文是一种刻在龟甲和兽骨上、用来占卜的文字。甲骨文的发现是中国历史上的奇迹。因为甲骨文这种字体，不见于任何中国古代典籍，连汉朝许慎叙述文字史流变的《说文解字·叙》也未曾提到。正是由于这个原因，在甲骨文最初被发现的时候，这种字体受到了来自各方包括许多中国学者的质疑。但是，随着一批优秀学者的不懈努力和认真钻研，越来越多的甲骨文被识读，甲骨文的神秘面纱被逐渐揭开。甲骨文上所记载的内容与中国古代典籍上记载的历史以及地下发掘出的文物产生了越来越多的相互印证，这种文体也就逐渐获得了学界的认可。可以说，甲骨文的发现，揭开了中国历史上许多未知的领域，对研究商代的历史有重要的考古作用，对研究汉字的发展历程也有重要的意义。

1899年的一天，北京一个叫王懿荣的人因为患了疟疾，到一家中药铺去抓药。在药方上，有一味中药叫龙骨。当王懿荣拿到龙骨时，发现上面刻满了各种奇怪的字体。王懿荣是中国有名的金石学家，他

甲骨文

对古代文字很感兴趣，就出钱把这个药店的龙骨全买了下来。经过考辨，他断定这些奇怪的文字是古代商朝的文字。王懿荣收买带字龙骨的消息不胫而走。第二年，一个叫范寿轩的山东潍县古董商带了上百片带字龙骨来到北京。王懿荣看了这些龙骨大喜，连忙用高价买了下来。此后，他又陆续买进了几千片，同时开始了甲骨文的研究。在此期间，为了赢利，古董商们刻意隐瞒了甲骨文出自河南安阳小屯村的真相，谎称是来自河南汤阴。所以，那个时候，学者们并不知道甲骨文的真正来处。1900年，八国联军打入北京，朝廷和文武大臣纷纷逃难。时任国子监祭酒的王懿荣率领民团武装奋力抵抗，终因寡不敌众，兵败投水自杀。王懿荣死后，他所收藏的数千片甲骨就都被写过《老残游记》的作家刘鹗收藏。不久，刘鹗将其中一千余片甲骨拓印成《铁云藏龟》一书。这本书首次将甲骨文公诸于世，也是第一部研究甲骨文的专著。

在编写《铁云藏龟》的过程中，学者罗振玉起到了非常重要的作用，他不但极力鼓励这本书的问世，还亲自为这本书作序。当时，罗振玉正在刘鹗家中做家庭教师，他和刘鹗还是亲家。到了1910年，罗振玉写了《殷商贞卜文字考》一文，在文中，他已经能够识读300个左右的甲骨文单字，并初步摸索出了一套考证和识读甲骨文单字的方法。1914年，罗振玉发表《殷墟书契考释》，他所识别的甲骨文单字已达五百多个。所以，学者王国维评价说，在甲骨文研究方面，"审释文字，自以罗氏为第一"。

王国维和罗振玉是亲家，同时也是师生和朋友。王国维有着深厚的学术功底，他把甲骨文同其他音韵训诂学著作的研究结合起来，从音、形、义三方面对甲骨文进行考释，同时，注意将古代典籍上的记载同地下发掘出的文物互相参照、对比、印证，不但取得了一大批研究成果，而且提供了一种崭新的研究方法，开了一代新学风。比如，通过他写的《殷礼征文》《殷周制度论》等论文，殷代历代帝王的名号变得清晰可信，殷周两代的制度也变得明了，使得《史记·殷本纪》和《帝王世纪》里所记载的殷王朝的世系得到了地下发掘出的文物的物证。这是一个了不起的成就。它不但使中国早期历史上一些模糊的问题得到了证实，也奠定了甲骨文的科学地位。通过几代人的不懈努力，如今已经发现的甲骨文单字达四千五百多个，可以识读的甲骨文单字已有一千七百多个。

妇好墓出土文物

1976年冬，就在出土大量甲骨文的河南安阳小屯村，考古工作者们发掘出一座中型贵族墓。在这座墓中，出土了大量铸有"妇好"字样的青铜器。因此，这座墓也就被命名为"妇好墓"。妇好墓中大量铸有"妇好"名字的青铜器的发现，恰好为甲骨文的记载提供了相互印证。因为，在第一期、第三期、第四期的甲骨文卜辞中，妇好的名字曾屡屡出现。仅在第一期（武丁时期）甲骨文卜辞中，妇好的名字就出现了二百五十次左右，这显示出妇好是武丁时期贵族阶层中一个非常重要的人物。妇好墓中出土的大量玉器、兵器和青铜器也证明了这一点。在这些甲骨文卜辞中，殷王武丁多次为妇好祷告上苍，祈求福佑。在这些卜辞中，有询问妇好有没有生育能力的问卜；也有在妇好怀孕后，询问是否能生男孩的问卜；也有妇好带兵出征后，询问是否能取胜的问卜。学者们根据这些资料，同时根据妇好墓中出土的"后母辛"大方鼎推断出，妇好就是甲骨文卜辞中的殷王武丁的配偶之一——妣辛。从这些卜辞中，作为武丁妻子的妇好的形象也渐渐丰满：她地位显赫，曾经主持大型祭祀，还是手握兵权、可以带兵出征打仗的统帅。因为墓中出土的带有"妇好"铭文的钺是古代兵权的象征。甲骨文的卜辞也显示出，妇好带兵征服了许多地方。有了这些卜辞，殷王朝的历史也因此变得清晰了许多。

三 钟鼎文

　　钟鼎文又称"金文"，是铸在或者刻在青铜器上的文字。我们在殷周时期的青铜器上常常能看到这种文字。钟鼎是殷周时期贵族的祭祀礼器，上面文字的内容往往是记录重大历史事件或者记录某件历史功勋的，主要用来祷告上天、铭记功勋。从历史的记载看，从夏朝起，大禹就开始铸九鼎，并将功绩"铭乎金石，著于盘盂"（《吕氏春秋》）。《礼记·大学》中曾说，汤王曾有一个盘子，上面有这样的文字："苟日新，日日新，又日新。"意思是说，要每天洗刷自己，做一个新人。但是，这个盘子的原物我们现在已经看不到了。正像孔夫子说的，我们已经看不到这些早期的文献，我们能看到的，都是商周以后的文字。从字体上讲，这些铸在青铜上的钟鼎文和刻在甲骨上的文字极为相似。启功先生说，甲骨文是金文的前身。两者是相差不多的文字。这种文字，通常被称作"古文"，也叫"籀文"，据说是因为周宣王时的史官籀而得名。据史书记载，史籀善书，他学习和模仿了仓颉所创的古文，并对其有所增减，重新改造，创造出了新的字体，叫"大篆"。史籀所书大篆，现在已经很难见到，只有《淳化阁帖》中还保留他的六个字，不知真伪。但他所创造的大篆已经广为流传。

紫砂钟鼎文方壶

西周青铜簋

1976年，在陕西省临潼县零口镇出土了一件西周早期的青铜器，叫作簋，是西周时候用来盛放熟食的礼器。后经专家考证，这件礼器是为周武王在牧野之战胜利后奖赐给一个叫利的有功之臣的铜铸造的，因此，也叫作"利簋"。在利簋的腹部，铸有四行三十二字的篆书铭文。这些铭文经辨认，大意如下：周武王征伐商朝，就在甲子日的清晨，岁星（木星）在正当空，周武王打败了商军。晚上占领了商朝。辛未那天，武王在驻扎于阑的军队里，赏铜给右史利，用作铸造祭祀檀公的宝器。这短短的四行铭文，记录了周朝历史上的一件大事，即武王伐纣。

下面我们简单提一下武王伐纣的故事。商纣王荒淫无道，整日沉湎歌舞。为了满足自己的无度，他加大了对人民的赋税，使人民怨声载道，诸侯纷纷叛离。纣王还残忍地杀害了自己的忠臣比干。就在纣王花天酒地、为所欲为之时，周文王的实力在悄悄崛起，周围的诸侯纷纷归附。文王死后，武王继续积聚力量。待时机成熟时，就在甲子日这天，武王率精兵抵达朝歌（商朝首都）郊外的牧野。随后，纣王派出的七万士兵也抵达牧野，双方对峙，一场大战即将爆发。这是一场实力悬殊的对决。但是，中国战争史上奇特的一幕出现了，纣王的七万士兵闻鼓不进，反而纷纷倒戈相向，攻打纣王。武王势如破竹，在一天之内占领了朝歌。纣王身穿玉衣，自投火海。这就是有名的"武王伐纣"的故事。

四 石刻与竹简

　　中国的早期文字除了铸在青铜器上的，还有刻在石器或写在竹简上的。刻在石器上的，有现存北京故宫博物院的十个石鼓，上面存有迄今最古老的刻石文字。这十枚石鼓最初出土于唐代初年，上面分别刻有十组四言诗，描述了君王出行打猎的情景，因此也被称为"猎碣"。这十枚石鼓的刻石年代和诗歌内容，历年来众说纷纭，莫衷一是。最初学界认为是周代遗物，但近年来专家们倾向为秦代刻石。从书体上讲，石鼓文的书体应属于从大篆向小篆过渡时期的书体，因此在书法上对后世影响较大。但由于专家们对它的年代没法确定，影响了对内容的判定，所以它对中国历史研究的影响不是很大，这里就不再多说。

　　清光绪二十一年（1895），在河南洛阳龙虎滩村出土了一块残石，上面残留有古文、小篆和隶书所刻字体约一百一十字，其中古文三十六字。据考证，这是刻于三国时期魏齐王曹芳正始二年的"三体石经"，也称"正始石经"。"三体石经"在中国史书上有明确著录，最初共有二十八块石碑，用三种文体刻有儒家经典《尚书》《春秋》等内容，树立在太学里，用来保护古代文字，弘扬儒家经典。"三体石经"在中国书法和学术上都有重大意义，后人能够从中看到古文（籀文）和小篆的样子，也能看到

三国　正始石经

三体石经

中国最古老的典籍《春秋》和《尚书》最原始的风貌。章太炎先生说过："古文真本，今不可见，惟有三体石经，尚见一斑。"（章太炎《国学讲演录》）可见三体石经之珍贵。历代书法爱好者对石经多有捶拓，并有拓本流传于世。学者们写作字书，考证典籍，也多有引用。可惜的是，由于年代久远，又屡经战火和自然灾害，石经已经被严重损毁，残缺不全。历年来所发现的残碑上的字数大约有三千多字，其中古文大约有一千多字。

最古老的刻在石头上的文字，还有存于泰山岱庙内的秦泰山刻石，为秦丞相李斯所书，内容为秦始皇功德铭和秦二世的诏书。可惜现在仅存七个完整字和三个残字。许慎在《说文解字》中说，是李斯和赵高、胡母敬共同对大篆进行了改造，创造了新的字体——小篆。

写在竹简上的文字，从史书的记载看从商朝就有。《尚书》上就说，殷人的祖先已经"有典有册"。册，按照《说文解字》解释，就是用绳子连在一起的竹简，当时用作帝王对诸侯的任命书，所以后来任命也叫"册封"。但是，现在我们已经见不到商朝的竹简了，我们能见到的最古老的竹简是战国时期的竹简。历史上，人们曾多次发掘出战国的竹简，其中有一些对改写中国早期历史起到了重要作用。

西晋太康二年，汲郡有一个叫不准的人盗发了战国魏襄王的墓（一说为魏安釐王的墓）。在中国历史上，盗墓贼有千千万万，但是能把自己的名字留在史书上的，不准算是第一个。据《康熙字典》引《正字通》，"不"字在做姓时，应读作"彪"，因此，这个著名盗墓贼的名字应该读作"彪准"。这是因为，在墓中发现了十车竹简，共十几万根，其中包括《竹书纪年》《穆天子传》等十五种古书共七十五篇。这些古书的内容震惊了史学界，从某种程度上，改写了中国的早期历史。由于盗墓者曾经点燃竹简照明，搜寻宝物，所以等到官方发现时，墓内已经是断简残篇，狼藉满

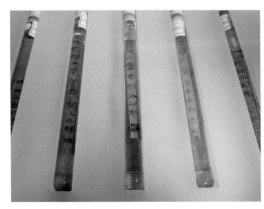

战国竹简
新蔡出土

地。晋武帝遂命令中书监荀勖、著作郎束皙、中书令和峤等人整理编次，并以今文（隶书）写出。其中所发现的《竹书纪年》，是一部魏国的《春秋》，它通过魏国的视角记载了从远古黄帝到战国时魏国安釐王的历史，其中许多记载与传统的正史记载不合。比如，在谈到尧舜禅让时，《竹书纪年》的说法是，尧舜禅让并非和平顺利禅让，而是尧年老失势后，舜囚禁了尧和他的儿子丹朱，使他们父子不得相见，然后逼其退位。后来大禹让位给益的事情也是如此。《史记》中说，原本大禹是将帝位禅让给益的，但是由于大禹的儿子启在诸侯中威望较高，诸侯纷纷参拜拥戴启，而不去参拜益，所以最后启登上了帝位。但是《竹书纪年》中的记载却为：在争夺权力的斗争中，启是杀死了益后才登上帝位的。关于《竹书纪年》的真伪，学界普遍肯定为真，并给予了高度评价。比如，梁启超先生就评价《竹书纪年》为司马迁所未见，是"史中鸿宝"。可惜的是，《竹书纪年》的原本早已散佚，现在流行的版本叫作今本《竹书纪年》。今本《竹书纪年》已经把一些惊世骇俗之论都删去了，这反而证明，今本《竹书纪年》是后人制作的伪书。因为人们通常认为，只有造伪者才会主动迎合学界的主流观点。

在汲冢出土的还有一本《穆天子传》，也是一部奇书。它描写了周穆王向四方巡游的经历，其中有向西巡游至昆仑并和西王母相会于瑶池的奇特经历。穆王和西王母互赠礼物，互相歌诗以祝寿，并约

定三年之后再会于昆仑之野。以往，人们对周穆王的了解很少，只是从《左传》中了解到周穆王这个人好大喜功，喜欢四处游历，到处都留下了他的车马痕迹。直到《穆天子传》出土，才给我们呈现出一个鲜活生动的周穆王的形象，使我们对周王室的情况有了更为详细的了解。比如《穆天子传》中记载，周穆王喜欢到处游玩出访，但他对自己的沉溺游玩颇有悔意，曾自警说："唉，我这人德行不足，只懂得游玩，后世之人一定会追究我的过错。"旁边的卫士连忙劝慰："后世人所看的是不失天常，现在人民衣食无忧，百姓安居富裕，百官各尽职守，与民共乐，这就是天常啊。"周穆王夸他说得好，还把自己左边佩戴的玉佩摘下来送给这个卫士。《穆天子传》中还详细描写了穆王祭奠河神大典以及祭奠死去的盛妃的丧礼等等重大典礼，颇有可读之处。盛妃的丧礼之后，穆王每每想起盛妃，还痛哭不已。旁边的卫士就劝慰他说："人都有生有死，盛妃也不例外。你现在这么痛苦，是因为老想她。"听到这里，穆王又哭起来。从书中的描述看，周穆王是一个重感情的人。《穆天子传》的出土，丰富了我们对周穆王和周王朝的了解，同时也佐证了《左传》《国语》等古籍记述的真实性。

五 今文与古文

汉武帝末年，一生爱好建造宫室的鲁恭王为了扩建自己的宫室，想拆毁孔子的旧宅。没想到，在孔子旧宅的墙壁中发现了大批古书，其中包括《古文尚书》《礼记》《论语》《孝经》等，全部用古文（籀书或称篆书）写成。鲁恭王听说后就亲自前往旧宅查看。一进孔子旧宅，就仿佛听到了琴瑟钟磬的礼乐之声，好像孔子在和弟子们演习礼乐。鲁恭王当时就害怕了，连忙下令停止毁坏孔子旧宅。旧宅中这批古书的文字是篆书，当时已经流行隶书了，所以没有几个人能认得。孔安国懂古文，又是孔子的后代，就得到了那批古书。经过孔安国整理，这批古书中的《尚书》比流行的《今文尚书》多出十六篇。多出的这十六篇就是《古文尚书》，孔安国把它们献给了朝廷。但是之后，朝廷对这批古书未给予重视。后来，刘歆和他的父亲刘向一起受汉成帝任命，主持皇家藏书的校勘和编辑。刘向死后，他的儿子刘歆受汉哀帝任命，接手父亲的工作，主持编修"五经"。他极力主张把皇家书库里秘藏的那几部用古文写成的经书设立学官，由专人来研究。但是，由于当时的学界是今文学博士占主流，他设立古文学博士的主张，受到了今文学博士们的强烈抵制。刘歆不服，就写了一篇措辞严厉的《移让太常博士书》对他们进行斥责。由于

后蜀石经
《古文尚书》

用词过于严厉而得罪了当时占主流地位的学者们。光禄大夫龚胜因此愤而辞职，大司空师丹大骂刘歆乱改旧章，毁坏先帝所立制度。刘歆见此情景，就借机离开京城到地方上做官去了。一场时起时伏、断断续续延续了一千多年的古文今文之争，就此拉开了序幕。

今文学派和古文学派之争，从两种文字（篆书与隶书）之争，演化为两种学派之争，又一直延续到清末，演化为以章太炎为代表的古文学派和以康有为为领袖的今文学派之间的斗争。西汉时，由于当时通行的文字是隶书，所以，今文学派占据了学界的主流地位，官方所设立的十四个博士全部都是今文学博士。作为官方认可的学派，他们的任务是，除了维护朝廷在意识形态方面的需要以外，全力维护儒家学派的统治地位，维护孔子作为学派宗师的完美形象。为了这个形象的完美，他们不惜编造一些神话，并全力维护这些神话。这时的古文学派几乎全在民间，他们靠自己的力量进行学术研究。他们希望揭开历史的真相，并依靠这些事实真相，翻身进入主流学界。但当历史提供的事实不足时，他们也不免靠猜测代替事实，甚至编造事实。

比如，今文学派指责古文学派发现的古籍是伪造的，什么鲁恭王毁孔子宅、什么《古文尚书》、古文《左传》等等，统统都是刘歆利用自己的学术条件假造的伪说。今文学家对古文学家的攻击未免有些意气用事，有些断语已经被当今的考古发掘证明是错误的。比如，对《孔子家语》是晋人王肃伪作的判定。古文学家对今文学家最有力的攻击是他们编造历史，编造了一个近乎完美而又无所不能的孔子的形象。古文学家们当然也尊崇孔子，但在他们看来，孔子更像是一位传承历史文化的教师，有些事情并不是孔子亲自做的。因为"述而不作"是孔夫子自己说的。所以，古文学家认为，从历史的逻辑看，儒家学派的祖师应该是周公。而今文学派则认为，孔子无所不能，《礼》《易》《诗》《书》《乐》《春秋》皆为孔子所作。而这显然不合乎历史事实，也不合乎孔子自己的说法。更让古文学派不耻的是，今文学派相信谶纬，他们编造了各种近乎神话的故事充当历史。

在互相攻击的同时，古文学派和今文学派也形成了自己不同的学风和学术主张：古文学派比较重视历史，今文学派则比较重视现实政治。我们通过两个学派对经书的排列顺序就可以证明这一点。古文学派对经书的排列顺序是：《易》《书》《诗》《礼》《乐》《春秋》，他们是以历史出现的时间顺序排列的，因为他们重研究；今文学派的排列顺序是：《诗》《书》《礼》《乐》《春秋》《易》，是以难易程度排列的，因为他们重教化。但是无论哪一方，都有急功近利、编造事实的现象。

古文学派和今文学派之争，是一个大题目，也是一个极其复杂的问题。

六 书法之美

　　汉朝是中国经过长期内乱以后的第一个稳定的时代，也是文化逐渐恢复和繁荣的时代。从文字上说，在汉朝，不仅产生了隶书，还相继产生了楷书、行书、草书等字体，至此，中国汉字的篆、隶、楷、行、草五种字体就齐备了。楷书、行书和草书的出现，不像小篆和隶书那样，对中国的社会和学术起了那样大的影响和作用，但却产生了另一种奇妙的结果，那就是：文字之美——书法出现了。从此以后，中国的各种艺术门类中增添了一种新的艺术样式，中国的士大夫阶层和文人墨客也增添了一种展示艺术之美、言志抒情、修身养性的新方式。

文房四宝

　　书法的产生和流行离不开物质条件。到了汉朝，通常所说的书法的文房四宝——笔、墨、纸、砚都已经齐备了。其中，最主要的是纸的产生。笔，通常说是秦将军蒙恬发明的。但是，在迄今

5000～7000年的仰韶文化的彩陶罐上，我们就能看到只有毛笔才能画出的流利的线条。《庄子·田子方》中说，宋元君要作画，众史官纷纷到场肃立，有舔笔的，有和墨的，还有一半人站在屋外。这个故事说明，至少在战国时，毛笔和墨都已经具备了。近年发掘出的大量战国竹简，也是用墨字书写的，也说明了这个问题。到

蔡伦造纸像

了汉代，就只剩下一个纸的问题。从战国到汉朝，文字一般是书写在竹简或者木牍上的，不但昂贵，而且不方便。还有一种办法，就是书写在绢帛上，那就更是昂贵到只有帝王和贵族才用得起。西汉时开始有了纸。唐人著作《三辅旧事》中记载了由于卫太子鼻子大、去见武帝时持纸掩鼻的故事。近年来考古发掘成果也证明了西汉时已有麻纸出现。但西汉时仍大量使用竹简和木牍，说明纸张的使用还不普遍。到了东汉，蔡伦在总结前人造纸技术的基础上，发明了使用廉价原料树皮、麻头、破布、渔网等造的纸，也就是"蔡侯纸"。蔡侯纸的发明，大大降低了纸张的成本，开始在天下流行，对普及文化、促进文明起到了不可估量的作用。

中国的文字，自仓颉造字、史籀作大篆、李斯作小篆后，到了战国末，开始出现了隶书。和前几种字体的发明一样，隶书的出现也充满了神奇。一方面是因为文献不全，人们只好凭空想象；另一方面，也是因为在半开化的古代，人们对写字这种事充满了好奇和崇敬。据唐代书法家张怀瓘的《书断》描述，八分书（隶书的一种字体）是由一个叫王次仲的秦朝人发明的。《书断》上说，王次

仲是个羽人^①，是他改造了籀字，创造了八分体隶书，并献给了秦始皇。秦始皇看到王次仲的隶书简略适用，可用来办急事，他很高兴，就下诏让王次仲进宫。可是他连下了三封诏书王次仲却没有来。于是秦始皇大怒，派人用槛车将王次仲押送上道。半路上，王次仲化作大鸟飞走了。还有一种说法，是说隶书是秦朝人程邈发明的。程邈原是一个县吏，因为得罪了秦始皇，就被囚禁在云阳（地名）的监狱里。他在狱中苦思冥想了十年，将小篆增减改造为隶书，一共有三千字。这时秦始皇正在为宫中奏表文书太多、用篆字很难应付而发愁，当他看到隶书简便适用，就批准使用了"隶书"。因为是一个狱中奴隶发明的，所以就叫隶书。

行书的出现要稍晚些，据说是后汉一个叫刘德升的人所创造的。因为它书写简便，常用于书信问候，并流行于民间，所以叫"行书"，也叫"行狎书"。晋朝的钟繇和王羲之、王献之父子都擅长这种书体，并把它发挥到了极致。现存的《二王杂帖》，大都是朋友间寒暄问候、相约相吊之语。

草书是东汉张芝创造的。由于当时诸侯间烽火四起，羽檄相传，篆书和隶书都比较繁难，不能救急，才产生了这种书写流利方便的草书。

楷书的形成比较复杂一些，因为在汉魏时，隶书也叫"楷书"。比较接近我们现在的楷书概念的，是脱于隶书的小楷，是晋朝的钟繇发明的。

到了汉朝，不但文房用具齐备，五种字体齐备，也开始有了最初的书法观念，士大夫和文人雅士们对书法美的追求掀起了第一个高潮。书法是用传统的软笔蘸墨写成，如何用软笔写出挺拔有力的字来，这就成了一个矛盾，必须要遵循某种法则，这种法则就叫书法。换句话说，能用软笔写出"有骨"的字来的方法就叫书法。"书贵有骨"，是中国传统书论中的一个最基本的概念。在汉朝乃至魏晋，人

---

① 羽人，就是长了翅膀能飞的人。

们普遍把这种法则加以拔高和神化，不懂的人刻苦钻研、舍命追求；懂得的人秘而不宣、讳莫如深，所以出现了很多令人不解的神奇故事。比如，东汉时期的蔡邕是一个才华横溢的人，他不但是文学家、音乐家，也是一位优秀的书法家。唐代张怀瓘评价他的书法是"穷灵尽妙，独步古今"；南朝羊欣说他的八分书可以入神品，大篆、小篆、隶书可以入妙品。这样绝妙的书法自然不

熹平石经残石

是可以轻易得来的，民间传说他的绝妙书法得自于一位神人。另外一种说法是，蔡邕曾经在嵩山的一个石洞里学习书法。在那里，他得到了一部素书，上面有李斯和史籀的用笔笔势。他得到这部书后，兴奋地三天都吃不下饭去。他刻苦诵读了这部书三年，终于掌握了它的绝妙旨意。后来，他在太学里写下了其传世作品《五经》，也就是后来的熹平石经。到了晋代，出现了一位有名的书法家，叫钟繇。钟繇从小就跟随刘胜去抱犊山学习书法，回来后经常与曹操、邯郸淳、韦诞等一起讨论书法。一次，他从韦诞那里看到一部蔡邕的书法书，便苦苦相求，希望韦诞把这部书借给他，但是遭到了韦诞的拒绝。为此，钟繇十分懊恼，一连三日，他不停地用拳捶打自己的胸部，竟把胸部捶成青色，以致呕血。后来曹操用五灵丹把他救活了。后来，韦诞去世了，钟繇偷偷让人打开他的坟墓才得到了这部书，并按照书上的说法练字，才使自己的书法达到一种更为精妙的境地。当然，这只是一种传说。从这个传说里，我们可以看到，神奇的书法在汉魏文人和士大夫心目中的崇高地位。

義之快雪時晴帖美

擅千古

皇上幾餘臨寫形諸詠歌

又以冊前則理古潔可

愛

御製棳林亭子於上巳露

再永

命繪梅花一枝於末幅右

軍書法天然出塵較鄧

香絕態始致過之愧

曰拙筆不能傳神萬

一耳

乾隆丙寅春月臣張若

靄拜手敬識

王羲之
《快雪时晴帖》

　　唐代张彦远《法书要录·笔法传授人名》里描述了神奇书法的传承源流。书中记载，蔡邕从神人那里得到书法妙诀以后，就传给了崔瑗和自己的女儿蔡文姬。蔡文姬把这种书法传给了钟繇。后来，钟繇又把它传给了卫夫人。卫夫人就是王羲之的老师。卫夫人传授书法给王羲之后，王羲之又把它传给了儿子王献之。书法在王羲之、王献之手中达到了一个辉煌的顶峰。王羲之也因此被历代书法家称为"书圣"。但据羊欣的《笔阵图》记载，王羲之的书法是从他的父亲那里学来的。据说王羲之七岁就开始学习书法。一次，他从父亲的枕头下面看到了一部古人的书论，就开始偷偷阅读。他的父亲看到了，就问："你为什么要偷我的东西？"王羲之笑而不答。王羲之的母亲解释说："他是在看古人的用笔之法。"王羲之的父亲看他年纪还小，担心他不能保守笔法的秘密，就说："等你长大后我再传授给你

兰亭跋云晋人得古刻数行专心学之便可名世此快雪帖二十八字迄今千数百年楮墨犹新神采耀焕尝镌拓钩摹所可比儗　臣等奉

晋右将军书龙跳虎卧历代宝传赵孟頫

勅编摹石渠宝笈获见内府所藏右军墨翰斯为第一我

皇上好古敏求万几之暇精研八法是帖心摹手追不下数十百本而

圣怀虚慮受犹临池未辍也　丙寅春　臣

清宴是娱复此兹帖

御赏七言断句五章题横卷冊首回副页宗贱古润可爱更濡笔作雪林小景傳示　臣等伏惟右军书为千古艺林神品得逢宴古右文之主默契薪传鉴赏珍重金壶墨汁亲沥简端睿藻古香辉联璧合　臣等敬观之余昌滕庆章因石渠宝笈成於乙丑之秋是以

御笔诗画未及恭载云　臣梁诗正　臣汪由敦　臣励宗万

稽古右文　臣张若霭　臣袁日修　臣陈邦彦　臣董邦达敬跋

臣梁诗正敬书

吧。"王羲之向父亲施礼说："我今天就要用它。要是等我长大再传授，恐怕要遮蔽我的少年美名了。"他的父亲很高兴，就向他传授了古人的用笔之法。不到一个月，王羲之的书法大有长进。他的老师卫夫人看到后，大吃一惊，对别人说："这孩子一定是看到古人的用笔秘诀了，因为我看到他最近的书法有了老成的智慧。"随后，又留下了眼泪说："这孩子将来一定会遮盖我的名声。"后来，王羲之在评价古人的书法时，唯独推崇汉朝的钟繇和张芝，认为他们的书法在自己之上。也许，这是因为自己的书法是来源于他们的缘故吧。不过，在谈到张芝时，他又加了几句话，说："张芝用功甚勤，在池边练习书法，一池水都成了黑色。我要是像他这么用功，未必比他差吧。"言下之意，他认为张芝的书法用的是死功夫。所以，他真正佩服的还是钟繇。

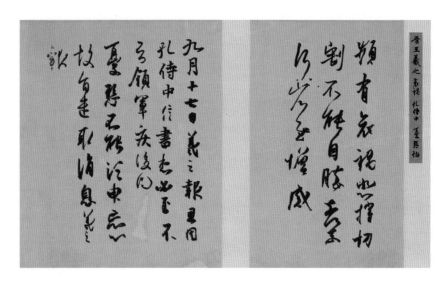

王羲之
《频有哀祸帖》

　　总之，中国的书法，在两汉魏晋之际，不但达到了篆、隶、楷、行、草五种字体的齐备，而且还确立了书法的美学原则，使书写成为一种独特的艺术样式，为后世留下了无数的书论和法帖，开启了中国书法两千年的辉煌，成为历代书法家追寻的理想和楷模。

第五章

时代的变迁

中国社会经历了夏商周，在周朝末年，进入了春秋战国时代。这个时代是社会动荡的时代，也是一个文化思想异常发达的时代。随着周天子权力的式微、各路诸侯地方势力的崛起，诸侯国之间互相征伐不断，弑君灭国的事情不断出现。据《吕氏春秋·用民》说，在大禹的时候，天下有一万多个小国，到了商汤时，就只剩下三千个了。进入春秋，诸侯国的数量进一步减少。在《春秋》中，也有"弑君三十六，亡国五十二，诸侯奔走不得保社稷者不可胜数"的记载。这是生产力不断发展、金属广泛使用和诸侯地方势力崛起所带来的必然现象。

　　黄帝时候的战争，比如和炎帝的战争，是否有金属兵器出现，学者们还在讨论，极有可能那时的战争只是使用石头和棍棒。到了春秋时期，金属兵器就开始广泛使用了。金属兵器的广泛使用和诸侯地方势力的壮大必然造成战争的增加。诸侯们蠢蠢欲动，就连严厉的周礼也不能限制他们开疆扩土，吞并邻国。比如按《周礼》规定，诸侯国不能有超过一千乘的兵车，也不能有超过三百丈的城墙。但尽管有这些严格的规定，诸侯们还是不断地发生叛乱。战争和暴力的不断增加，灭国弑君的不断发生，刺激了人们对战争和人性的思考，也促进了人们对治国安邦、公正仁义等问题的探究。

　　此外，文字的广泛使用和传播，也使人们能够把自己的思索和探究著述成书。这时候，一些专门的著作和书籍就出现了。所以，文字的出现对一个社会的影响和改变是革命性的。在一些大大小小的诸侯国之间，有无数的学者游士挟册往来，向君主和诸侯们兜售自己的天道伦理和治国良策。尽管这时的社会动荡不安，杀伐不断，但是中国的文化和思想还是在这个阶段产生了第一个繁荣高峰。许多中国传统的思想和观念都是在这个时代打下了基础，扎下了根。

这个时代的动乱和残酷，正如孟子所说的，"春秋无义战"。但是，也正是在这个时代，才留下了一系列思想者的名字和无数闪光的思想和著作。这个时期的社会变迁和动荡，刺激了社会思潮的丰富和滋生，也促进了文化的繁荣和传播。中国传统文化的规模、形式和内容的确立，都有赖于这个时代。

一 春秋五霸

关于春秋五霸，在《白虎通》里有记载，但这本书提供了三种说法，我们只选用它的其中一种说法，即春秋五霸包括：齐桓公、晋文公、秦穆公、宋襄公、楚庄王。

（一）齐桓公

齐桓公是五霸之首。

据说，齐桓公好声色，嗜饮酒，其生活十分奢靡。他能成为五霸之首，原因很简单，就是他发现和任用了一位有才华的好国相——管仲。齐桓公对管仲毕恭毕敬，言听计从，并尊敬地称管仲为"仲父"。

一次，齐国来了宾客，有关官员就来向齐桓公请示接待的礼数。齐桓公说："去告诉仲父吧！"一连三次，部下向他请示时，齐桓公都是这样说。站在旁边的优伶就笑话齐桓公："你这国君当得也太容易了，一有了事就说'告诉仲父'，再有事又说'告诉仲父'。"

齐桓公雕像

齐桓公解释说："有这样一种说法，就是君王，在寻找和发现人才时会费些力气，但当找到人才后、使用人才时，就可以休息了。"这句话代表了齐桓公的人才观，也表现出他眼光的准确。

　　但是在韩非子看来，事情却不是这样。韩非子认为，齐桓公能找到管仲做国相纯属偶然，也没费什么力气。他看人的眼光也并不准确。不然的话，齐桓公在晚年就不会重用竖刁和易牙这两个小人，也就不会饿死在宫中了。所以，齐桓公绝不是什么明主，而是一个暗主，他的成功纯属侥幸。（《韩非子·难二》）

　　韩非子的这种评价有一定的道理，但也不完全对。因为齐桓公虽然有种种不足，但他的确是一个能够礼贤下士的人。《吕氏春秋》中记载，齐桓公听说有位贤士，于是打算去见他，可是一连去了三次都没见到。他的随从就说："您贵为万乘之主，他是个布衣百姓，您一日去了三次都见不到，就算了吧。"齐桓公说："不能这样，士人蔑视爵位和利禄，就会看轻他的君主；君主轻视霸主地位，才会看轻他的士人。他可以蔑视爵位和利禄，我却不能轻视我的霸主地位啊。"于是他坚持见了这位贤士，两人长谈了一番。可见，齐桓公在礼贤下士这个方面，头脑还是非常清楚的。

　　说韩非子的评价有一定的道理，是因为齐桓公得到管仲的确没有费什么力气。他得到管仲是因为另一位忠臣鲍叔的大力推荐。最初，齐桓公是想任用鲍叔为宰相，鲍叔连忙辞谢说："我不过是君王的一名庸臣而已。现在君王加惠于我，使我不冻死饿死，已经

管仲

是对我的恩赐。要说治理国家，则非我所能，但非管仲莫属。我不如管仲的地方有五条：以宽惠待民，我不如他；治理国家而不忘根本，我不如他；忠信诚实，能得到百姓的信任，我不如他；制定礼仪让四方效法，我不如他；能在军门前指挥练兵，使将士勇气倍增，我不如他。"齐桓公听了，想起管仲曾经帮助公子纠与自己争夺王位的事，就说："可是管仲曾经用箭射我，差点要了我的命。"鲍叔就解释说：

"那他只是为了他的君主。如果你肯原谅他这一点，他一定会像忠于他的君主一样忠于你。"齐桓公说："那接下来该怎么办呢？"鲍叔说："管仲正被囚禁在鲁国，可派使臣去鲁国把他要回来。"齐桓公说："鲁国有个谋臣施伯，颇有计谋。他知道我会任用管仲，一定不会给我。"鲍叔说："你派使臣去，就说'有一个不听君命的臣子在鲁国，我要在群臣面前把他杀掉，请把人给我'。他们就会给了。"

于是，齐国的使臣到了鲁国，就按照鲍叔的交代说了那些话。果然，鲁庄公去请教施伯。施伯说："他这不是想杀管仲，而是要任用他啊。管子，乃天下之才也。如果齐国任用他，那鲁国就有忧了。"鲁庄公问："那怎么办？"施伯说："把管仲杀掉，然后把尸体送给齐国。"鲁庄公就对齐使说要杀掉管仲。齐使说："我们君王说了，要亲自杀了管仲，所以一定要活的。"鲁庄公只好把管仲捆起来，交给了齐使。（《国语·齐语》）

于是，鲁国把管仲捆了放在槛车里，派差役拉着他送往齐国。在从鲁国到齐国的路上，管仲一直担心鲁国会派人追杀他。他想快一点到达齐国，那里有他的挚友鲍叔，到了那里他就安全了。管仲就对差役说："我看你们走得也很辛苦，这样吧，我为你们唱歌，你们来和我，这样我们就能走得轻快了。"于是，管仲就唱了一些节奏轻快的歌，差役们一边走一边和，走得都很轻快，也不觉得累。《吕氏春秋》在讲述这段故事时评价说，其实管仲治国也使用了这个道理，即为他人着想，他人的目的达到了，自己的目的也就达到了。这个道理简单地说，就是顺从民意。

到了齐国，齐桓公亲自到郊外迎接，并举行了盛大仪式欢迎管仲。两人长谈了一番，齐桓公就治国安邦的一系列问题请教了管仲，随后将国相一职授予管仲，并称之为"仲父"。从此，管仲身居高位，鲍叔以身下之。

关于鲍叔与管仲的故事，历史上还有有名的"管鲍之交"的说法。

起初，管仲年轻时很穷，他和鲍叔一起做生意，在分钱时管仲总

管鲍之交

是多拿。鲍叔不认为这是管仲贪财，而是因为他家里穷。管仲曾经为鲍叔谋事，遇到大挫折，鲍叔不认为这是他愚蠢，只是觉得他时运不利。管仲曾经三次做官，三次被君主赶出去，鲍叔不认为这是管仲不肖，而是认为他还没遇到明主。管仲曾经三次作战，三次逃跑，鲍叔不认为这是他怕死，而是因为知道他家里有老母亲需要照顾。管仲辅佐公子纠失败，朋友召忽为此而死，鲍叔在牢里受辱，但鲍叔并不怪罪管仲。管仲由此非常感动。从那以后，管仲和鲍叔牙就结成了生死之交。因此，那种互相信任、互相莫逆的朋友之交，就被称作"管鲍之交"，后来成了中国人心中不可动摇的价值之一。

从这一点上说，韩非子的评价是对的，不是齐桓公能识人，而是鲍叔能够慧眼识人。齐桓公之霸，根源在此。

齐桓公成为霸主后，大会诸侯于葵丘（地名），并规定了五条盟书，内容大约为：不撤换太子；尊贤尚德；敬老爱幼；官员士人没有世袭；不设边防，不阻止粮食交易等等。（《孟子·告子章句下》）

（二）晋文公

晋文公重耳排在齐桓公之后，在春秋五霸中位列第二。

　　重耳是晋献公的儿子。晋献公的宠妃骊姬为了让自己的儿子奚齐登上太子之位，便设计迫害诸皇子，结果，太子申生自杀。之后，骊姬又开始诬陷晋献公的另外两个儿子重耳和夷吾，于是重耳和夷吾出逃在外。在逃亡过程中，重耳历经千难万险，颠沛流离，先后经过卫国、齐国、曹国、宋国、郑国、楚国等国，终于在鲁僖公二十四年，重新回到晋国，登上王位，成为春秋一霸。

　　重耳为什么能成为春秋霸主？我们可以先看一看，他流亡时所经过的那些国家的国君和谋士们是怎么评价他的。

　　重耳到了曹国，曹君对重耳无礼，曹国大夫僖负羁的妻子对丈夫说："我观察过晋公子的随从，他们个个才能都足以当相国。晋公子早晚会返回晋国，如果以他们为相，回国后晋公子一定会当上国君。一旦得志，就要诛杀无礼，你曹君就是第一名。你何不早早为自己备下后路？"于是便给重耳送去吃的，盘子里偷偷放上了玉璧。重耳收下了吃的，返还了玉璧。

　　重耳到了郑国，郑文公也不加礼遇。郑国大臣叔詹说："上天要做什么，人是没办法阻止的。现在有三点显示了上天要使晋公子有所建树，所以你还是对他们加以礼遇为好。一般同姓男女所生的后代不会健壮，可这位晋公子的父母都姓姬，他却健健康康地活到今天，这是第一点；公子逃亡在外，晋国却不安宁，有可能重新启用公子，这是第二点；有三个贤能之人随同，这是第三点。"

晋文公重耳
复国图

到了楚国，楚大夫想杀掉重耳，楚君说："这位晋公子胸怀宽广而内敛，温文儒雅而有礼貌，他的随从也庄重而宽厚，忠诚而有能力。现在晋侯内外无亲，晋国姬姓也开始衰落，这一切都是在等着公子兴起吗？上天要让他兴起，谁能阻止？违抗天意必有灾祸。"

从以上记载可以看出，众人对重耳的评价集中在以下几点：（1）重耳有天命护佑；（2）重耳的随从个个才华横溢；（3）重耳极有可能会重返晋国执掌王权。

这几种评价都很中肯，说明公子重耳众望所归。当然，重耳的个人才华也是奇高的，这一点从以下几件小事可以看出来。

重耳来到楚国，楚王招待他。席间，楚王打趣说："你要是能回到晋国，打算怎么报答我啊？"面对这种居高临下的打趣，重耳回答得不卑不亢："大王的恩惠是无法用金银珠宝报答的。君王您什么都有，女子、玉帛、羽毛、兽齿、皮革什么都不缺，我能拿什么报答您呢？"楚王进一步说："虽然如此，你还是应该报答我吧！"重耳说："要是君王的话灵验，我能够重返晋国，假如晋楚两军相遇于中原，我一定会对君王退避三舍。若是还不获谅解的话，我只好左执马鞭，右挎箭囊，与君王周旋于中原了。"这个回答温文礼貌，又绵里藏针，全无逃亡之人的卑声下气。以此可以看出重耳的过人胆识。

重耳不仅富有智慧、胆识过人，还勇于放低身价、宽宏大度。到了秦国，秦穆公送给他五位女子，包括自己的女儿怀嬴。一次，怀嬴端来盥洗用具，让重耳洗脸，重耳洗后挥手让怀嬴退下。怀嬴大怒，她的大小姐脾气立刻爆发："秦国和晋国是势力相当的国家，你凭什么如此低看我？"重耳立刻知道自己错了，赶紧低头认错，显示出他宽大的度量。

还有一件事可以看出晋文公的大智慧。一次，晋国与楚国交战于城濮，晋文公重耳找来大臣咎犯商讨计策，他问："楚众我寡，有什么好办法吗？"咎犯说："喜欢繁文琐节的君主不嫌文辞多，喜欢作战的君王不嫌诈术多，用诈术就可以了。"重耳又找来大臣雍季，把咎犯的意思说了。雍季说："这怎么可以？把水淘干了捉鱼，明年还有鱼吗？烧光树林打猎，明年还有野兽吗？用诈伪之术，这次还可以，以后就不能再用，这不是长计啊。"但是重耳还是在作战中使用了咎犯的计谋，城濮之战晋国获胜。但奖赏时，雍季却是居于咎犯之上。这时，晋文公身边的人都不理解：作战胜利用的是咎犯的计谋，为什么雍季反而居功首位呢？重耳解释说："雍季的话，是百世之利；咎犯的计谋，是一时之务。哪有一时之务功居百世之利之上的道理？"

当然，除了重耳个人的见识和才华，一直追随他的几位才能之士，如咎犯、赵衰、贾佗等人的鼎力相助也是重耳可以称霸的原因。明主也有犯糊涂的时候，当重耳犯错时，咎犯等人就会及时纠正他的错误。比如，到了齐国，重耳贪图安逸，不想再走了。是咎犯等人设计才诓走了重耳，气得重耳提着戈追着咎犯要杀他。（《左传·僖公二十三年》）还有高风亮节的介子推，重耳在外逃亡时他一直伴随左右，传说重耳吃不上饭时，介子推曾割自己的肉给重耳吃。重耳回国后想赏赐他，他却躲进深山，隐居不出。最后被山火烧死。民间的寒食节就是为纪念介子推而设立的。

有了这样一批忠勇贤能之士的襄助，再加上自己超人的见识和才华，重耳的霸业可以说就是必然的了。

（三）秦穆公

秦穆公就是把重耳送回晋国、重登王位的人。在此之前，他选择扶持的人是晋国的另一位公子夷吾。他知道重耳要比夷吾优秀。但他的如意算盘是，宁可邻国的君主是一位昏君，也比邻国有一位杰出的君主要好。没想到，夷吾（即晋惠公）这位昏君昏过了头，竟然和秦国兵戈相向。秦穆公只好放弃扶持夷吾，转而扶持重耳登上王位。

秦穆公成为春秋霸主之一也自有他的本领。比如像收拢人心、延揽人才这些手段，秦穆公自然也用得娴熟。

有一次，秦穆公的马丢了，手下的官吏去寻找，发现被岐下（地名）的百姓捉去吃了。官吏就想把这些百姓绳之以法，结果被秦穆公制止了。秦穆公说："君子不能为了畜生而伤害人。我听说吃马肉时不喝酒会对人的身体有害。"于是便赐酒给那些百姓喝，并赦免了他们杀马吃肉的行为。秦穆公这种笼络人心的行为起到了作用。后来，当岐下那些百姓听说秦穆公要和晋国作战时，纷纷要求跟随；当秦穆公为了追逐晋惠公反而被晋军包围时，岐下的三百名百姓杀入重围，冒死相救，不但救出了秦穆公，而且还生擒了晋惠公。（《史记·秦本纪》）

在延揽人才方面，秦穆公也是不惜本钱。最有名的故事是秦穆公用五张羊皮换回百里奚的故事。

百里奚原来是虞国的大夫，在虞国被晋国灭掉后成了晋国的俘虏。后来，当晋献公的女儿穆姬嫁给秦穆公时，百里奚就被当作陪嫁的奴隶一起送给了秦国。百里奚逃出秦国，逃往宛地，在楚国边境被楚人捉住。秦穆公早就听说百里奚是个贤德的大夫，本想用重金将百里奚赎回，但又怕楚国看到重金反而不会放人，就派人对楚国说："我家有个奴隶逃跑了，现在在你们那儿，我们想用五张黑山羊皮把他赎回来。"楚国人就答应了。把百里奚接回秦国后，秦穆公脱去他的囚服，向他请教国家大事。百里奚连忙谢绝："臣是亡国之臣，不足问之。"秦穆公说："虞国的国君不会用你，所以才会亡国，那不是你的罪啊。"秦穆公坚持请教百里奚，两人长谈了三天，秦穆公大悦，就把国政授予了百里奚。举国上下都称百里奚为五羖[①]大夫。百里奚又向秦穆公推荐了蹇叔，秦穆公用重金将蹇叔迎来，尊为上大夫。百里奚的故事在民间广为流传，百里奚成为秦大夫后和糟糠之妻相认的故事成为很多地方戏曲的题材，广为传唱。

但是，得到了百里奚和蹇叔，并不是秦穆公成就霸业的根本原因。因为秦穆公是一个刚愎自用的人，他有时会一意孤行，并不拿百里奚和蹇叔的意见当回事。比如，在秦穆公三十二年，秦穆公想趁晋文公和郑文公相继去世的时机，越过晋国去攻打郑国，被百里奚和蹇叔极力劝阻仍不肯罢休。在军队出师之日，两位老臣放声大哭仍不能挽回他的决心。结果，正如百里奚和蹇叔所料，秦军在班师回朝的途中，在崤山遭到晋军的伏击，全军覆没，三将被俘。后来，秦穆公再次出兵攻打晋国，又一次大败而归。

秦穆公成为春秋一霸的关键，在于他的战略思想的转变——向东攻打晋国受阻，使他的目光转向了西部。这还要从一个叫由余的人谈起。由余原本是晋国人，后来逃入西戎。西戎听说秦穆公是个贤君，就派由余出使秦国，以探虚实。由余来到秦国，秦穆公就带他观看秦国巍峨的宫殿和丰富的储藏。由余就说："这些东西，如果是神做的，不免劳神；要是人做的，可就苦了民众了。"秦穆公听了，觉得有些奇怪，就问："中国的行政有诗书礼乐为法度，这还有时免不了动乱，你们西戎什么也没有，靠什么治理国家？那不是很难吗？"由余笑道："你们有诗书礼乐，这正是你们会乱的原因。自从上古圣人黄帝创制了礼乐法度，身体力行，才勉强做到小治。后世之人，日益骄淫，官员依靠法度的威严治理百姓；百姓疲惫不堪，则埋怨官员。上下交相怨恨则会出现篡位弑君甚至诛灭宗

①羖，就是黑山羊皮的意思。

族的危险。我们西戎就不同了，君王用纯粹的德行来对待臣民，臣民胸怀忠诚侍奉君王。一个国家就跟一个人一样。我们不知道什么叫治理，这才是真正的圣人之治啊。"一个西戎之人，对中国的礼乐制度如此熟悉，还能说出如此深邃的思想，这让秦穆公感到惊讶和忧虑。

秦穆公回来后，就对自己的内史说："邻国有圣人，就是他旁边国家的忧虑啊。现在由余如此贤能，必然成为寡人之害，我们该怎么办呢？"内史就出主意说："西戎地处偏僻，西戎王没听过中国的音乐。你可以送给他女子乐器，消磨他的志气，引他荒废国政，然后留住由余，让他逾期不归。这样戎王就会奇怪，会怀疑由余。他们君臣有了隔阂，我们就容易控制他们了。"于是，秦穆公就经常和由余吃饭聊天，问他山川地形和兵势，并一一记录下来。此外，他还送给西戎王十六人的女子乐队，西戎王接受后大为高兴，长期不予归还。后来，由余回到西戎，数次谏议都不被采纳，再加上秦穆公派人不断地离间，终于，由余离开西戎归降秦国。秦穆公得到由余后，以礼相待，并请教伐戎之计。秦穆公三十七年，秦国用由余的计谋讨伐西戎，吞并了三十二个小国并开拓疆土一千里，成为西戎之霸。周天子听了，十分高兴，于是派召公送来金鼓表示祝贺。（《史记·秦本纪》）

秦穆公及时转变自己的战略方向，在东有强敌、牢不可破的情况下，他先行拿下西戎，奠定了自己霸业的基础。这一切，还因为有由余的帮助。秦穆公有百里奚、蹇叔而不用，遭致大败；得由余而用之则称霸千里。所以，在中国历史上，任用人才是一个永恒的话题。秦穆公以后，经过秦献公、秦孝公几代人的努力，才在秦始皇这一代扫平六国，统一中国。难怪司马迁在《史记·秦楚之际月表》中说："有汤武那样的德行，有秦国那样的力量，才能够统一中国，可见一统天下是如此之难啊。"

（四）宋襄公

宋襄公能列入五霸之一是一件很勉强的事情。宋国是一个小国，在历史上没起过什么重要的作用。宋襄公能够名列五霸，大概是因为以下事件。

宋襄公的父亲宋桓公去世以后，宋襄公继位，还没来得及下葬父亲，就急急忙忙去参加了诸侯霸主齐桓公主持召开的诸侯葵丘大会。这是年轻的宋襄公不顾自己国家的国力、急于介入诸侯间事务的表现。他的这种心情在以后的行为方式中表现得愈加明显。

宋襄公八年，齐桓公病死，齐国发生争夺王位的内乱，齐太子昭逃亡宋国。宋襄公收留了太子昭，并为太子昭回国继位做积极准备。第二年，在宋襄公的号召下，只有几个小国加入了维护齐太子昭的行列。宋襄公率领卫国、曹国、邾国和宋国的军队，护送太子昭回国。齐国的贵族们很同情太子昭，在他们的配合下，齐国人杀死了刚刚即位三个月的公子无亏和奸臣竖刁，赶跑了奸臣易牙，迎接公子昭回国继位，称为"齐孝公"。宋襄公这件事可谓干得漂亮，他扶危济困，维持正义，大大提高了自己在诸侯间的威望。但是这件事并没有改变宋国的实力，宋国还是一个实力弱小的小国。这和宋襄公要达到的目的相差太大。宋襄公的愿望是想像齐桓公那样成为诸侯的霸主，恢复殷宋以往的辉煌。所以，后来他做的一些事情，比如召集诸侯盟会，扣押滕宣公，杀死鄫国国君并用来祭祀，发兵攻打曹国等等，可以说杀伐果断，正义浩然，但其实和宋国的国力都极不相称。这些也都逐渐为他以后的悲剧埋下了祸根。

宋襄公是怎么称为一个霸主的，史书上记载颇为简略。但宋襄公与楚国在泓水之战中的愚蠢行为却广为人知。

宋襄公十三年夏，听说郑国支持楚国成为霸主，宋襄公派兵攻打郑国。楚国为了救郑国，则出兵攻打宋国。宋襄公十三年冬，楚国和宋国两国军队相会于泓水。宋国军队先至，已经摆好了阵型。这时楚国的军队正在渡过泓水。左师目夷对宋襄公建议："目前实力对比敌众我寡，可趁其未全部渡河加以攻击。"宋襄公不听。楚军刚渡过泓水，还没排好阵列，目夷再次建议可以攻击了。宋襄公说："等他们排好阵列吧。"等楚军阵列排好后，宋军开始攻击，结果宋军大败，宋襄公也受了重伤，九个月后去世了。

泓水之战失利后，宋国人都有怨言。宋襄公解释说："君子不趁人之危难，我们不攻击不成阵形的军队。"（《史记·宋微子世家》）宋襄公对待战争的这种态度，后来成了千古笑谈。宋朝文学家苏轼在《宋襄公论》里评价宋襄公说："宋襄公真的是仁义之人吗？那么，他囚禁滕国公、杀死鄫国国君是什么行为？他不过是'盗仁者之名耳'。他也不过是王莽之流的人物。王莽是以为天下可以文取，宋襄公是以为诸侯可以靠名声得到。"苏轼对宋襄公的评价是中肯的。

可以说，宋襄公没给后世历史提供什么成功经验，他所提供的只有教训。他也不是什么霸主，他只是一个渴望成为霸主的小人物。但是，他的经历仍给后人留下了一些启示，即战争也是有战争伦理学的。这在中国古代也有例子，比如不杀降，不斩来使，等等。宋襄公的问题，不是很多人想的那样，是因为恪守了某种战争的伦理律条，而是因为他对宋国的实力缺乏准确的估计，做了他不应该做的事。从这一点看，即使泓水之战侥幸得到胜利，但后面仍会有悲剧发生。

（五）楚庄王

说到春秋最后一霸，我们先顺便谈谈霸的概念。

春秋时期，"霸"不是一个纯粹的拓地千里、武力征服的概念，而是更多地含有维持秩序、匡扶正义、扶危济困的含义。就像《论语》里说的，"兴灭国，继绝世，举逸民"（《论语·尧曰》），意思是说，别人的国家要是灭了，你能把它恢复起来，这才是霸。比如宋襄公，虽然实力远远不够，但能够送郑太子昭回国，恢复他的权力，这便是典型的霸者所为。因此历史上也把宋襄公算作一霸。至于个人的品性德行，与"霸"的联系倒不大，如齐桓公、宋襄公在个人的品质德行上，也都是有瑕疵的人。

现在我们要说的这一霸——楚庄王，就在个人的品性德行上有瑕疵，他喜好吃喝玩乐，甚至有些荒唐无度。

在《史记·滑稽列传》里，记载了他这样一段荒唐的故事：楚庄王有一匹爱马，平时穿的是绣花纹的衣服，住的是华丽的马房，睡的是露床，吃的是枣脯。有一天，这匹马终于因为长得过于肥胖而死了，楚庄王就让群臣给它送葬，他打算用大夫的丧礼规格为它下葬。左右群臣都纷纷谏诤，认为这样做不合适。楚庄王大怒，就下令说："以后谁再敢为马的事谏诤，我就把他处死！"楚庄王身边的优孟，是位乐人。他听到这个消息，就来见楚庄王。他一进殿门就仰天大哭。楚庄王吃了一惊，就问他为何哭泣。优孟说："那匹马是大王的所爱，以堂堂楚国之大，什么东西没有啊？以大夫之礼埋葬它太薄了，我建议用君王之礼葬之。"楚庄王说："那应该怎么办？"优孟说："臣请求，以雕玉为棺，梓木描纹为椁，楩木、枫木、豫章为题凑，然后派士兵挖掘墓穴，让百姓背土为坟，齐赵国君陪灵于前，韩卫国君护卫于后，供奉以太牢之食，拱卫以万户之邑。这样，诸侯们听到了就都知道大王珍视马而轻视人了。"楚庄王听了，就问："我的错误有那么大吗？你说该怎么办呢？"优孟说："我建议用普通六畜的办法埋葬它。"楚庄王听了，就赶紧让太官用普通六畜的办法把马埋葬了。

从这个令人哭笑不得的故事看，楚庄王荒唐是荒唐，关键时刻还是能够接纳别人的建议的。这也是他的优点。

关于楚庄王的行事风格，《韩非子·喻老》里，记载了这样一段故事：楚庄王执政后三年，没有发布一个政令，没有办理一件政事。右司马就找到楚庄王，用隐晦的语言跟他说："有一只鸟住在南方的山上，三年也不长翅膀，不飞也不鸣，这只鸟是什么鸟呢？"楚庄王说："三年不长翅膀，是准备长出巨大的羽翼，不飞不鸣，是在观察民情。虽然不飞，飞必冲天；虽然不鸣，鸣必惊人。"果然，过了半年，他就亲自听政，废掉了十位官员，起用了九人；诛杀了五名大臣，举荐六名布衣，然后国家大治。随即他又举兵伐齐，在徐州战胜了齐军，又在河雍战胜了晋军，继而称霸天下。韩非子赞颂他是"大器晚成，大音希声"。

称霸之后，楚庄王曾率兵北伐至洛水，向周王朝炫耀武力，于是便有了"问鼎"的故事。当时周王不得不派特使王孙满慰问楚军，而楚庄王却骄傲地向王孙满打听周朝的传国之宝九鼎的大小轻重。王孙满向楚庄王讲述了九鼎的来历，并委婉地说："现在周朝的德行虽然有所衰落，但天命还未改变，'鼎之轻重，未可问也'。"（《左传·宣公三年》）据说，楚庄王听了，当即回答："那你也挡不住我拥有九鼎，我楚国兵器上的尖掰下来，都够铸九鼎了。"自负之态，溢于言表。结合《左传》上所说，楚成王曾有向郑国赠送金属铜的行为，可见楚国当时已经十分强盛了。

最能表现楚庄王霸主姿态的，是他恢复陈国的事迹，这又是一个"兴灭国，继绝世"的故事。

据说陈国有个著名的美人，叫夏姬。她的相貌非常美丽，美到什么程度，有人总结过，先后有九个男人为她而死，因此号称"杀三夫一君一子，亡一国两卿"，可谓真正的"倾城倾国"。陈国的国君陈灵公和大夫孔宁、仪行父都与她有染。一天，陈灵公和孔宁、仪行父在夏姬家喝酒，互相打趣说夏姬的儿子夏徵舒长得像对方。夏徵舒在外面听到了，怒火中烧，就埋伏在外面的马棚边，等陈灵公喝完酒出门时，夏徵舒就用箭把陈灵公射死了。孔宁和仪行父逃亡楚国。夏徵舒就自立为陈侯。

陈成公元年冬，楚庄王率诸侯军队讨伐陈国，对陈国人说："大家不要惊慌，我只是要诛杀夏徵舒一人而已。"随后，他杀掉了夏徵舒，吞并了陈国，将陈国划为楚国边境的一个县。群臣都纷纷表示祝贺。楚国的贵族申叔时刚刚出使齐国回来，只有他不向楚庄王道贺。楚庄王就问他为什么不道贺，申叔时说："有这样一个故事：有人牵牛踏毁了别人的田，这个田主就把对方的牛给夺了。踏毁别人的田当然不对，但这个田主因此就夺了别人的牛，这不是太过分了吗？夏徵舒弑君篡位，所以您以仁义的名义向诸侯征兵讨伐他，但是平定叛乱之后，您又把对方的国土吞并了，以后还怎么号令天下？所以我不能道贺。"楚庄王说："说得好。"于是楚庄王就恢复了陈国，并从晋国把陈太子午迎回，立为国君，即陈成公。

在这里，楚庄王再一次表现了他勇于纳谏的气度。当孔子在读史时，读到这一段，不由得赞颂道："贤哉，楚庄王。轻千乘之国而重一言。"（《史记·陈杞世家》）意思是说，楚庄王为了一句话而放弃了一个千乘之国，真是贤德啊。孔子一方面是赞扬楚庄王勇于纳言，另一方面，是欣赏他接受了中原的仁义道德伦理。这也是楚庄王能成为春秋五霸之一的其中一个原因吧。

二 百家争鸣

春秋时期的情景用以下三句话就可以描述：天子式微，诸侯蜂起，处士横议。

天子权力的衰落，诸侯势力的崛起，前面我们已经讲过了。现在谈谈处士横议。"处士横议"语出《孟子·滕文公章句下》。"处士"就是指没有官位的在野文士。春秋时期已经出现了在野的独立的知识分子阶层，当时中央势力的衰落、诸侯地方势力的崛起反而给了各种知识分子和各派学说的生存空间。"横议"用以形容各种学说汪洋恣肆、放言不羁的情景。"处士横议"也就是百家争鸣。孟子在这里主要指的是"杨朱"和"墨翟"。在当时，杨朱和墨翟是两个大的学派。用孟子的话说，"天下之言，不归杨，则归墨"。

我们从《荀子·非十二子》里，还可以看到当时更多的学术派别，也可以看到荀子对当时的十二个著名学者的批判。这十二名学者两个一组，被分为六个学派，分别是：主张放纵性情的它嚣、魏牟学派；以忍性情为高、不合大众的陈仲、史鰌学派；提倡功用节俭、忽视等级礼节的墨翟、宋钘学派；说是尚法又无法、说是治理民众又放纵民俗的慎到、田骈学派；喜好治怪说、玩弄词藻的惠施、邓析学派；说是法先王又不知其体系、闻见杂博的子思、孟轲学派。荀子特别指出，这六个学派都是言之成理、持之有故、足以迷惑愚钝大众的学说。

要了解那时百家争鸣的情景，可以参考的文献还有《庄子》。《庄子·天下》对当时的各家道术流派做了一个简要的综述。以下结合《庄子·天下》对各家学说进行简要叙述。

墨子

（一） 墨子和墨家学派

墨子主张非乐和节用，也就是取消音乐和厉行节约，所以墨子学派的人都"生不歌，死不服"，即生前不歌唱，死了也不举行隆重的丧礼。这和儒家的主张是不同的，比如孔子，他即使在被匡人包围的时候都是弦歌不辍的。（《庄子·秋水》）另外，儒家也主张厚葬。

墨家学派尊崇的祖先是大禹。大禹那种亲执耒耜、栉风沐雨、四处奔走以至于瘦得腿上没有肌肉、腿毛也全被磨光的形象是墨家尊崇的榜样。所以，墨家也是为了众人之事，不辞劳苦，四处奔走，"苦身劳形以忧天下"[①]。据说墨子长得很黑，也许就是因为长期在外奔波被晒黑的。

墨家是一个半军事化的组织，他们的头领叫"巨子"。他们有自己的法纪，简单地说，就是"杀人者死，伤人者刑"。这种法纪的执行是严格的。有记载说，有一位巨子的儿子杀了人，最后也被执行了死刑。（《吕氏春秋·去私》）

墨子还主张"兼爱非攻"，简单地说，就是大家要互爱互利，摈弃暴力。墨子还主张明鬼学说，即承认有鬼神的存在。墨子认为君主如果违背天意就会受到惩罚，反之，则会得到赏赐。这种观点后来成为本土宗教道教的理论来源。

此外，墨子学说的语言朴实而直白。有一次楚王对田鸠说："墨子也是显学，为什么他的言论很多，却不那么雄辩呢？"田鸠就给他讲了买椟还珠的故事，即楚人把珍珠卖给了郑人，珠子装在木兰做成的盒子里，盒子熏了桂椒之香，还镶上珠玉和翡翠，并用玫瑰装饰。

---

① 章太炎语，见《原墨》。

郑人买了这个盒子，却把珠子还回去了。接着田鸠说："墨子之说，是为了传先王之道，论圣人之言，如果把文词说得华丽雄辩，恐怕别人会看到它的文辞而忘记了它的价值，以文害用啊。"（《韩非子·外储说左上》）

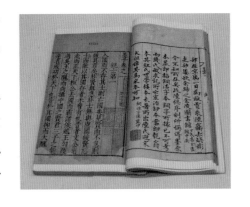

《墨子》

（二）宋尹学派

宋钘、尹文学派即宋尹学派有一个标记，就是这个学派的人都戴着一顶高高的帽子（华山之冠）。从《庄子·天下》描述的学说内容看，这个学派与墨家有些相似，即对内浅情寡欲，控制欲望；对外禁攻息兵，排斥暴力。他们认为，国家之间要罢兵休战，人与人之间要见侮不辱。也就是说，遇到欺侮，不觉得是耻辱，因此就不会相斗。国家间不战，民间不斗，天下就太平了。这个学派的特点一是很顽强，不管你听不听他们的学说，他都要喋喋不休地跟你讲他们的观点；二是要求不高，给口吃的就行，有时先生没有吃饱，弟子就只好饿着；三是不忘天下，日夜操劳。

（三）彭蒙、田骈、慎到

彭蒙、田骈、慎到都是稷下学宫中极有影响力的学者。彭蒙是田骈的老师。

他们的学说是弃智去己。"弃智"是抛弃智慧，"去己"是忘掉自我。"弃智去己"就是主张一切动静都随天理，他们把听任外物的变化规律作为疏导一切事物的方术。他们认为，应合并心中的是非之见，不用智巧和谋略，不考虑前因后果，把一切都看成绝对的。当然，他们终身也不求取什么名声。这个学说反对智慧和自我，反对尊崇贤人，甚至非难当时的圣人。当时的杰出人士都笑话这种学说不是活人能遵行的，好像死人的学说。

但是田骈自己并不活得像个死人，他靠兜售自己的学说反而过得相当富有。有一个齐国人曾找到田骈说："听说先生道德高尚，不主张入仕，而愿意做差役。"田骈说："你听谁说的？"齐人说："听我邻居的女儿说的。"田骈问："这是什么意思？"齐人说："我邻居的女儿，说是不嫁，年纪三十，却有了七个孩子。虽然她说不嫁，但比嫁了还要过分。先生虽说不做官，但是收入有千钟，门徒有百人。您比做官还要富有啊。"田骈听了赶紧告辞。（《战国策·齐人见田骈》

老子画像

（四）　老聃和关尹

老聃就是老子，曾做过周朝的守藏史，后来周朝衰落，他就出关西行不知去处。关尹就是老子出关时拦下老子并强令他留下五千言《道德经》的守关官员。他们的学说主张是，道是宇宙的根本，是精；具体的事物都是粗；所以人要澹然地与精神同处，"以濡弱谦下为表，以空虚不毁万物为实"。别人取先，我独取后；别人取实，我独取虚；别人求福，我独求全。

庄子对这种学说的评价是：老聃和关尹，虽然他们的学说还没达到极致，但也算得上是古代的博大真人了。老子也是中国第一个以自己的名字著书的人。韩非子有《解老》和《喻老》两篇，因此韩非子被章太炎先生认为是最理解老子的人。所以，在《史记》里，老子也与韩非同列于《老子韩非列传》，尽管他们一个属于道家鼻祖，一个属于法家代表。

（五）庄子

庄子是宋国蒙（地名，在今山东蒙阴）人，早年曾经做过一个小官，即漆园吏，著有《庄子》一书，书中大都为寓言故事。

庄子石像

庄子是中国最早成熟地使用寓言形式阐述深刻哲理的作家。据专家统计，《庄子》大约记载了两百多个寓言故事。在《庄子·寓言篇》里，庄子用一个浅显的例子来说明为什么要用寓言的形式来写作，而不是直接把要表达的哲理说出来。他说，这就好比父亲不会为自己的儿子做媒，因为父亲夸儿子，总不如别人夸起来可信，要通过他人之口说出来才好。

庄子是战国时期诸子中最特别的一个人。当时正值诸侯混战，诸子百家大都以治国强兵之说、攻城略地之术来取悦权势者，用这种学说来谋取金钱和地位。而庄子却把这种行为看作混浊不堪、可恶可弃的行为，不愿和这些人同流合污，他只关心个人的精神自由以及个体和天地精神（道）之间的交流。章太炎先生说，庄子的《逍遥游》阐发的就是自由之意，他的《齐物论》倡导的就是平等之旨。（章太炎《国学讲演录》）这种理论，在烽火遍地的战国时代自然不被权势者所喜欢，也很难受到王公大人的器重。庄子的朋友惠子就说他的学说"无用"。（《庄子·外物》）但是庄子崇尚的是精神自由，视荣华富贵为敝屣，他对此毫不在意。

据说，楚威王听说庄子非常贤能，曾派人带了重金去迎接他，想让他做国相。庄子笑着对来使说："千金，算是重利了；卿相，算是尊位了。可你没见过郊祭

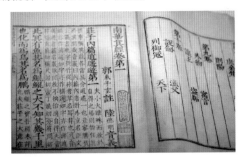

《庄子》

时作为祭品的那头牛吗？它被喂养了很多年，却穿着绣有花纹的衣服被送入大庙，这时候，它就是想当野猪还有可能吗？你赶紧走吧，别侮辱我了。我宁愿在烂泥中自寻快乐，也不愿被有权者所管束。我一辈子也不想当官，只想让自己快乐。"（《史记·老子韩非列传》）

庄子关心的是人的精神世界，以及人对天地之道的认识和把握。他的心胸和境界宏大无边，他的思想自由奔放，他的语言壮丽神奇。因此，在中国文化史上，作为哲学经典的《庄子》一书有极高的文学价值。

（六）惠施

惠施是战国中期宋国商丘人，是庄子的朋友，曾经在梁国为相。庄子去看他，他听了别人的谣传，以为庄子是来夺他的相位的，就派人在国都搜索了庄子三天三夜。庄子见到他，给他讲了一个故事，庄子说："南方有一种鸟，叫鹓鶵，它一定要栖息在梧桐树上，一定要吃竹子的果实，一定要喝甘泉的水。当它从南海飞往北海时，遇到一只鸱鹰在吃死老鼠，鸱鹰以为它来抢食，就对它大叫：'吓！'你如今也手执你的梁国对我大喊'吓'吗？"（《庄子·秋水》）

惠施很博学，据说他有五车书。所以，后人就把博学的人形容为"学富五车"。当时的书都是竹简，所以五车书的信息量也不会太大。但在当时来说，五车书也不是一般人所能拥有的。

惠施很善辩，经常以与公孙龙等名法家辩论为乐。他们辩论的题目大概有"卵有毛""鸡三足""犬为羊""狗非犬"等等。这些论题很奇怪，但是其中也不乏有意义的论题，比如"一尺之捶，日取其半，万世不竭"，与古希腊学者芝诺的"阿基里斯与乌龟"的悖论极为相似。惠施还曾经与南方奇人黄缭辩论天为什么不掉下来，地为什么不陷下去，风雨雷霆产生的原因是什么，等等。惠施不假思索，张口就来，滔滔不绝，不管什么话题他都能应对。但是惠施以反驳人为目的，辩论以取胜为目标，所以他离道就很远了，只留下了善辩的名声。

另外，我们还可以从汉朝刘歆所作的《七略》里，看到当时诸子百家学说的情景。汉朝太史公司马谈（司马迁的父亲）曾经写过《六家要指》，他把诸子学说分为六家，分别是：道家、儒家、法家、名家、墨家、阴阳家。在刘歆的《七略》里，又增添了四家：农家、纵横家、杂家、小说家，所以加起来共十家。前九家，叫作"九流"；最后的小说家，因为没有什么明确的主张，所以不入流，只能单独算一家。

由于年代久远又缺乏资料，以上文献对各家派别的介绍比较粗略，有些人甚至只留下了一个人名，具体他写过什么，做过什么，我们已经完全不知道了。

需要解释一下的是，这些学派的分法，也都只是大概的分类。中国早期学说的来源和形成过程极其复杂，有很多互相借鉴、互相影响甚至互相抄袭的现象。所以，如果简单化地看待这些学派，就往往会搞错。比如，孔子属于儒家，但他也向道家的老子请教过。作为墨家的墨子，早年也学习过儒学。作为儒家的孔子，颠沛流离，周游列国，到处兜售学说，所以他也是纵横家的前身。只不过孔子有自己的明确主张，如果不能实施自己的主张，他就会选择离开。而那些后来的纵横家就不同了，他们没有坚定的政治主张，一切都是为了晋身食禄，他们可以今天向你兜售连横，如果你不接纳，则明天兜售合纵，一直到你接纳为止。比如法家的商鞅去见秦孝公，一开始讲的是黄帝尧舜之道，讲得秦孝公差点睡着了；他再次去，则讲夏商周三王之道，秦孝公连连称好，但就是不采用；第三次去，则讲的是春秋五霸强国之术，秦孝公大喜，后来他们又连续谈了好几天。

还有另外一些复杂现象。比如，作为儒家的荀子，也曾在《非十二子》里批评同为儒家学派的子思和孟子；作为法家的韩非，也曾在《韩非子·定法》里批评同为法家的商鞅。因为兼爱学说被孟子骂为"无君无父，是禽兽也"的墨子，其实也不主张无君无父，他说：

"臣子之不孝君父，所谓乱也。"（《墨子·兼爱上》）意思是说，臣子不爱君父，正是社会动乱的原因。所以，对这些学派的分类以及他们之间的相互攻讦，都不可机械地看待。

除了那些散落民间"不得势"的诸子，还有一些"得了势"而被权势者聘用或委以重任的学者，历史上比较有名的是管仲、晏子和子产。关于管仲，我们前文提过，下面我们来谈谈晏子和子产的故事。

（七）晏子

晏子，名婴，是齐灵公、齐庄公、齐景公三朝上大夫，他的言论事迹收存于后人所编的《晏子春秋》中，是研究晏子的重要资料。在《晏子春秋》的《外篇》里，有数篇批评孔子和儒家学说的内容。在《史记·孔子世家》里也有类似的内容：孔子三十岁时，曾到过齐国，与齐景公畅谈，齐景公问孔子国政。孔子说："君君、臣臣、父父、子子。"齐景公大为满意，准备分封孔子。晏子听说后，就来进谏说："这些儒者语言强辩，不可用法规来限制；他们行为倨傲、自以为是，不适合做下属；他们崇尚厚葬，不惜破产，不可推广为民俗；他们四处游说谋生，不可以谋国。自从古代圣贤去世，周天子王室衰微，礼乐制度已经缺失很长时间了。现在孔子想重新推行这种盛大的礼仪制度，恐怕太复杂了，一般人一生也学不会。君王您恐怕不能用这种礼仪制度来教化民俗，引导百姓。"从此，齐景公在见到孔子时，就再也不问关于礼的事了。不久，又传出了有齐国大夫要加害孔子的传闻。齐景公对孔子说："我老了，不能再用你了。"孔子只好离开齐国，返回了鲁国。虽然孔子受到晏子的猛烈批判甚至排挤，但他对晏子的评价却一向很好，认为晏子是一个"君子"。

以上晏子对儒者的批评，集中在儒者行事孤傲独立、用财靡费、礼节繁琐这几个方面，可谓正中儒家学派的要害，带有明显的墨家崇尚节俭的色彩。但是，晏子在治国理民方面主张仁政爱民，这一点与儒家学派的主张是一致的。所以，《汉书·艺文志》还是把晏子归为儒家一派。

关于晏子仁政爱民的国策，我们可以从下面几个事例中略加了解。

晏子以杰出的治国才能和朴素的作风闻名诸侯。据说，齐景公准备把两块地赐给晏子作食邑，外加二百余户商户。晏子辞去不受，并说："由于国君喜好建造宫室，所以耗尽了大量的人力物力；您又喜欢四处游玩，粉饰后宫，所以民间财力逐渐衰竭；您又喜好兴兵打仗，百姓就面临死亡的危险。如此，下层百姓痛恨上层权贵已经达到了顶点。这正是我不敢接受恩赐的原因啊。"齐景公说："你说得很有道理，但你就不想富贵吗？"晏子说："我听说做人臣的，要先考虑君主，后考虑自身；先安定国家，后安排自家。只要国家和君主安定，我怎么会不考虑富贵呢？"齐景公说："那我拿什么做你的俸禄好呢？"晏子说："您只要开放渔盐贸易，市场人员只监察，不征税；耕种田地的农民只交十分之一的税；您再放宽刑罚，该处死的改为判刑，该判刑的改为处罚，该处罚的则改为赦免。能做到这三点，就是给我的俸禄，这对您也有好处啊。"齐景公听后，觉得很有道理，就采纳了晏子的建议。不久，齐景公派人外出打探各国的反应，别的国家的君主都认为齐国从此安定了。

还有一件事可以显示晏子的治国智慧。齐景公时，齐国发生了饥荒，晏子就请求为民放粮救济。齐景公不答应，还要修造路寝之台。晏子就命令官吏增加民工的工钱，延长修路的长度，并推迟竣工工期。三年后，路寝之台修成，灾民也得到了救济。这种利用国家巨大工程应对经济危机的做法，可以看出晏子高超的治国才能和政治智慧。（《晏子春秋》）

还有一件事显示了晏子的政治智慧。当时梁丘据是齐景公最满意、感觉最默契的爱臣。一次景公想喝夜酒，就来到晏子家，晏子身穿礼服立于门前，说："我们国家发生了什么大事吗？您怎么这时候来呢？"景公感到无趣，就移至将军司马穰苴家，司马穰苴身穿盔甲，手持铁戟立于门前，说："是诸侯发兵、大臣反叛了吗？君王您怎么这个时候来我家？"景公又感到无趣，就移至梁丘据家。只见梁丘据带着人，左边吹着笙，右边举着竽，吹吹打打，迎出门来。景公大喜说："太好了！今晚我要痛饮一场！要没有前两位，我怎么治国？要没有这一位，我怎么娱乐呀？"有一次，齐景公打猎回来，晏子在遄台随侍。这时，梁丘据也匆匆赶到。景公不由感叹道："还是梁丘据与我和谐啊。"晏子说："梁丘据与你是同，不是和。"景公问："同与和有区别吗？"晏子说："有区别。和就像做鱼羹，要用酱、盐、火等调剂它的味道，弥补它的不足，去除它的邪味。君子吃了，腹中是平和的。《诗经》中也有这样的词：'亦有和羹，既戒既平'。就和音乐一样，清浊、短长、刚柔、疾徐等等，相成相济，才能成为音乐。君子听了，心情是平和的。现在梁丘据则不然，君王说好，他也说好；君王说否，他也说否。就像把水添到水里，谁能吃这样的饭？就像琴瑟只发出一种声音，谁能听这样的音乐？所以，'同'不如'和'就是这个道理。"（《晏子春秋》）在这里，晏子所阐述的"和而不同"的道理，是中华民族政治史上影响深远的一个重要思想。

（八）子产

子产是郑简公、郑定公时代的郑国大夫。历史上，子产没有留下专门的著作，他的事迹散见于《左传》《史记》等历史著作中。据记载，郑国的民众对子产的态度前后发生过巨大的变化。子产刚刚执政时，严格统计划分了土地的疆界，规定了城乡的服饰。民间就有歌谣相互传唱："我有田畴，子产就来收税；我有衣冠，子产就让我收起。谁去杀子产，也算上我一个！"子产治理郑国三年后，民众们又开始传唱新的歌谣："我有田畴，子产让我赢利；我有子弟，子产帮我教育。子产要是死了，谁能把他代替？"（《吕氏春秋·乐成》）可见，子产在郑国获得了极高的威望。在他的治理下，郑国达到了夜不闭户、路不拾遗的程度，以至于当他去世时，郑国人举国号哭，如丧亲人。就连孔子听到子产的死讯后也流下了眼泪，他说："子产，就是古代那种把仁爱留在人间的人啊。"据说，孔子曾经到过郑国，与子产关系很好，他们亲如兄弟。（《史记·郑世家》）

关于子产的一个最有名的故事记载在《左传》里。当时，郑国人习惯于聚集在乡校议论国家朝政。郑国大夫然明就向子产建议说："还是把乡校取消了吧。"子产问："为什么要这样做？人们经常到乡校里来议论朝政的得失，他们认为好的措施，我们就实行，他们不喜欢的，我们就改正。他们就是我们的老师啊。为什么要取消乡校呢？我只听说过忠善可以减少人们的怨言，没听说过威权可以防止民众怨恨。马上取消乡校当然可以做到，但是，治理国家就如同河防一样，大的决口，伤人必多，以后会来不及救治，不如经常掘开一些小口导流，及时让我听到民众的怨言，这样才能救治整个国家啊。"然明听后说："现在我知道你是值得信赖的人了。要真是这样做，全国百姓都会信任你，不单单是几个大臣而已。"（《左传·襄公三十一年》）子产对待言论的这种开放态度，他开阔的胸襟和极高的政治智慧，形成了中国古代的政治价值之一，启发了一代又一代的中国人。

子产还做过一件大事，这件事在历史上褒贬不一：昭公六年三月，子产命人把法律条文铸在了鼎上，这相当于他把法律条文公布于众了。这件事遭到许多人的反对，包括他的好友晋国贤人叔向。叔向为此还专门写了一封信给子产，他告诉子产，历史上只有到了末世，才会使用刑法来安定百姓。刑法公布后，百姓一旦遇事就会放弃礼让而去查阅条文，便会有笔墨相争，乱狱滋生，贿赂并行，时间长了，郑国就会衰落。国之将亡，制度才会繁多。（《左传·昭公六年》）子产实行的这个制度引起了历史上的争议。究竟是法治还是人治，这在中国历史上有过激烈的争论。特别是儒家理论，对法治表示强烈反对。这种观点一直影响到现当代中国。但不管如何，子产都是理论和实践上的一个先行者和创新者，其成败得失，值得后人借鉴和思考。

三 战国四公子

有一个问题值得思考：为什么春秋战国时期是一个学术繁荣、诸家蜂起的时期？原因无他，就是因为春秋之前，学在官府，民间无学；春秋之后，天子衰微，学在民间。

春秋战国时期，诸侯养士，风气所延，诸侯国中的一些贵族也开始养士。最典型的是战国四公子养士，即魏国的信陵君魏无忌，赵国的平原君赵胜，楚国的春申君黄歇，齐国的孟尝君田文。这四公子养士的数量都很大，人员也很复杂，其中虽有鸡鸣狗盗之徒，但也不乏学问品行卓越之士。

春申君雕像

比如楚国的春申君就曾将大儒荀子招致幕下。后来春申君听信谗言，将荀子辞退，但不久后又悔悟，又将荀子重新请回，并委以兰陵令。荀子在楚国期间，继续研究儒学，成为集大成的儒学大师。春申君又曾招收弟子李斯，李斯后来成为秦国丞相。

信陵君魏无忌也曾组织自己的门客写成兵法书，名为《魏公子兵法》。

孟尝君养士多达三千人，但大部分为侠客义士。其中有一位士人叫冯驩，曾代孟尝君前往薛国收债。他到了薛国，一些手头宽裕的人跑来还了钱，但是还有很多人没还。于是他用收来的钱置办了几十桌酒席，把所有的债户请来喝酒。喝过酒，他就当场收下能还利钱的人的钱；一时没钱的，就约好归还的期限；穷得实在还不起的，就干脆把他们的债券收回，将债契全部焚毁，说

孟尝君雕像

是孟尝君对大家的恩德。冯驩为孟尝君买回了仁义之名，是一位有识之士。

我们重点说说平原君。平原君赵胜门下宾客也曾达到数千人，而且他喜爱文士，名法家公孙龙和阴阳家邹衍都曾在他门下。平原君还特意邀请了孔子的后代孔穿来到家里，和公孙龙一起举行过一次学术辩论会。托名孔鲋的《孔丛子》详细记录了这次辩论会的经过。

孔穿早就听说过公孙龙。有人曾对孔穿说："公孙龙用小小的诡辩术来损害大道，你为什么不去纠正他呢？"孔穿说："大道受到了损害，自有天下人去纠正，和我有什么关系呢？"那人说："话是这么说，但为了天下百姓，你还是去一趟吧。"孔穿就来到了赵国，在平原君家见到了公孙龙。

一见面，孔穿就客气地说："我在鲁国时就听到先生的高名，一直想请教先生。我所不赞成的只有先生的白马非马之学，如果先生可以放弃这个学说，孔穿愿意成为先生的弟子。"公孙龙机敏地回答："先生之言差矣。我公孙龙的学说就是白马非马说，现在你让我放弃，那我还教什么？让我没的教，你才向我学习，这不是悖论吗？这就像齐王和尹文的故事。齐王说：'我很爱士，但是齐国没有士。'尹文说：'现在有这么个人，事君则忠，事亲则孝，

交友则信，处乡则顺，他算是士吗？大王得到此人，肯以他为臣吗？'齐王说：'愿意，就怕得不到。'尹文说：'假使此人在大庭广众之下，见到侮辱不敢相斗，大王还以他为臣吗？'齐王说：'士人见到侮辱而不斗，是耻辱。我不以这样的人为臣。'尹文说：'虽然见侮而不斗，但士仍然是士。但是大王不以他为臣，那么，大王先前所说的士，其实并不是士，对吗？况且大王有令，杀人者死，伤人者刑，民众畏惧大王的命令，见到侮辱终不敢斗，是为了维护大王的法度。大王不以这样的人为臣，是对他们的惩罚。以不敢斗为耻辱，必然以敢斗为荣。所以，大王欣赏的，正是官吏要惩罚的；大王所肯定的，正是法律所禁止的。赏罚与是非相悖，就是有十个黄帝也治理不好国家。'齐王听了，无言以对。况且，白马非马之说，乃是你的先君仲尼先生（孔子）所赞成的。我听说楚王曾带宝弓宝箭在云梦湖一带射杀蛟龙，回来的时候把宝弓丢了，手下的人要回去寻找，楚王说：'算了，楚人丢的，又让楚人捡到了，还找什么呢？'仲尼先生听到后说：'楚王的仁义还没达到极致啊。应该说，人丢的，人又捡到了，何必说楚人呢？'在这里，仲尼先生是把楚人和人区分开来谈的。肯定仲尼先生把楚人和人区分开来谈，而反对我公孙龙区分白马和马，这是矛盾的。先生尊崇的是儒术，却反对仲尼先生赞成的东西，想向我学习，又反对我所教的东西，就是有一百个公孙龙也没法教你啊。"孔穿听了，没有回应。回来后，他对身边的人说："这个人言论错误但学识渊博，回答巧妙但没有道理，这就是他没有回答不了的问题的缘故啊。"

过了几天，平原君赵胜再次召集大家，也邀请了孔穿。平原君说："先生是圣人的后代，不远千里光临寒舍，为的是驳倒公孙龙的白马非马之论。现在胜负未分，先生却走了，这怎么行呢？"孔穿说："精妙至极的道理摆在那里，明明白白，我走或者不走有什么关系呢？"平原君说："什么是精妙至极的道理？可以讲给我们听听吗？"孔穿说："这些道理都记载在儒家的经典中，孔穿不敢乱编。

《春秋》上记载，有六只鹢鸟倒着飞。我们用眼睛看，首先发现是六只鸟；再仔细观察，是鹢鸟。六只鸟，描述的是鸟的外在的形象；鹢鸟，说的是它的内在本质。同样，马白，是说它的外在形象；马，是说它的内在本质。内外结合，名和实就相符了。并不是说，白和马是毫不相干的两个东西。再比如说，就像妇女加工丝麻，缁、素、青、黄，颜色的名字虽然不同，但内在本质是一样的，都是丝麻。先说颜色，再说本质，万物都是如此，圣人也经常这样说。并不是说，颜色和丝麻是两个东西。深入考察这个道理，则公孙先生的白马非马论就被破解了。"

平原君听了后，说："先生的话很有道理。"又转过头对众宾客说："公孙龙先生对此还能有所辩解吗？"从燕国来的客人史由说："他嘛，说辞肯定还会有的，但道理上是被否定了。"

这就是我们今天所能见到的两千多年前的一场最高规格的学术辩论会。辩论的内容，距形式逻辑的诞生只有一步之遥。在对语言思维形式的辩论中，还夹杂着对是与非的判断，是这场辩论会的特色。这种特色，几乎影响着中国后来所有的学术讨论。

四 商鞅变法

秦孝公时，秦国的地位和实力进一步弱化。秦国被视为地处偏僻的戎狄之地，受到各诸侯国的轻视，诸侯们的会盟大会也不再邀请他们。在秦孝公之前，秦国国力就有所衰落，秦国的河西之地也被魏国攻取。从此，恢复秦穆公时代的强盛国力，收复河西失地就成了秦国一代代国君的心病。为此，秦孝公继位后，便发出了"求贤令"，他声称："诸侯卑秦，丑莫大焉"，并承诺，如果宾客群臣之中，谁能有奇计让秦国强大起来，将委以高官，裂土封之。

商鞅就是看到这个"求贤令"后，才从魏国来到秦国的。商

商鞅

鞅，原来是卫国人，姓公孙氏，所以也叫卫鞅或者公孙鞅。商鞅为人刻薄寡恩，他一生的行为都和这个性格有关。他在秦国找到了适合自己发挥的舞台，而这时的秦国也正在寻找自己的商鞅，于是两下一拍即合。

来到秦国后，商鞅和秦孝公进行了几次谈话，他马上就明白了秦孝公要的是什么。在战国纷争、诸侯相互攻伐的环境下，一个国家最重要的东西迅速被商鞅总结为两个字——耕战。商鞅认为，为了在诸侯战争中取胜，国家就必须进行一系列改革，改革的标准就是褒扬一切有利于耕与战的事物，贬斥和限制一切不利于耕和战的事物。简单地说，一个国家最

重要的战略物资是粮食，而粮食必须为战争目的而生产。为了鼓励耕与战，其他不属于耕与战的行业都必须加以限制。这种改革，相当于整个秦国进入了一种战时体制，成了一部战争机器。

当时秦国具体的改革措施有：一是下达垦草令，打破以往井田制的局限，多开荒，多种地。二是将全体民众按照军队的模式，纳入什伍编制，彼此实行连坐，鼓励互相告发。三是崇尚军功，凡有军功者，按军功大小委以官爵。宗室贵族也纳入这个体制，没有军功者，不再载入宗室谱牒。各种官阶尊卑，乃至田产妻妾衣服，均按军功划出等级。四是奖励耕织，生产粮食、布匹多的人恢复其自然人身份。

按照这样一套体制，平民百姓如果想出人头地，就只有两条出路：要不当好一个农民，要不做一名好战士，靠战场拼杀，夺得军功。作为鼓励耕与战的改革，其配套措施就是打击和限制一切不属于耕与战的行业和领域。首先打击的是贵族。贵族的身份不能再靠血统来获得，也必须靠军功，这就等于从事实上取消了贵族阶层。其次是文士阶层。商鞅认为，如果一个国家的人能够靠舞文弄墨和鼓唇摇舌就可以爬上高位，那么，这个国家就不会有人再老老实实地做农民和战士。再加上文士阶层思想活跃，影响力大，而且经常和统治者的想法不一致，因此，也必须予以打击和限制。再次是商人。他加大了商人的租税，把它提高到成本的十倍以上，以减少商人的数量。另外，还禁止商人从事粮食买卖，让商人无利可图，自愿去务农。

那么，这一套改革是否保证了农民和军人的利益？其实也不是。从表面上看，农民从井田制的束缚中解放了出来，但实际上，严格禁止迁徙的命令又把农民牢牢地拘束在什伍连坐制度中，互相告发的律令使所有的人都谨小慎微。这不再是农业生产，而是一个精密的军事组织的一部分。他们的任务不过是给前线的将士提供补给而已。军人更是没有其他任何选择，他们唯一的出路就是多多杀敌，争取立功。就连同样是法家的韩非子，也忍不住对这种只有斩得敌首才能加官进爵的荒唐做法提出了批评。韩非子认为，只有杀敌才能做官的做法

是不恰当的，因为杀敌靠的是勇气，而当官需要的是智慧和才能。（《韩非子·定法》）

严格地说，这是一个伤害所有人利益而打造的一部精密的战争机器的计划。商鞅知道这样的计划很难实行，会遭到多数人的反对，他也明白让这个计划顺利推行必须使用两个手段：赏与罚。

一天，他让人在国都的南门外竖立了一根三丈高的木头，声称谁能把它运到北门就赏十金。人们感到很奇怪，没人敢应聘。商鞅就再次承诺：谁能把它运到北门就赏五十金。于是有一个人站出来搬运了木头，顺利得到了五十金。商鞅用这样的方法让百姓深刻明白，法令不会欺骗百姓，应取信于民。这是赏。

变法措施推出一年后，太子驷触犯了新法。商鞅说，法令之所以不能推行，是因为上层有人犯法。于是就想出办法惩罚太子。但由于太子是君王的继承人，不能用刑，他便对太子的师傅公子虔加以刑罚，并对太子的老师公孙贾施以黥刑（即在脸上刺字的刑罚）。这是罚。

刑法实施后，秦国所有的律令都得到了贯彻。十年之后，秦国路不拾遗，山无盗贼，家给人足，乡邑大治。这时，一些起初议论新法不好的人，开始赞扬新法的好处。但商鞅是眼里不容一粒沙子的人，他痛斥这些人前后言行不一，认为他们都是扰乱国家法度的乱民，就把他们全都贬到边境地区做戍守了。从此以后，秦国的民众没人再敢议论国家法令。

商鞅的改革很快见到了效果，秦国的军事实力迅速提高。公元前341年，魏国在马陵之战中大败，主将庞涓战死，军事实力大为减弱。第二年，商鞅向秦孝公提议应趁机出兵伐魏，收复失地，成就大业。秦孝公就命商鞅为主将，攻打魏国。魏国则派公子卬领军迎敌。公子卬是商鞅在魏国时的老朋友，商鞅就写了一封信给公子卬，说："过去我们互相交好，现在同为两国主将，真不忍心相互攻杀。我希望能与公子相见结盟，痛饮一场而罢兵，以使秦魏两国交好。"天真的公子卬相信了，就前来会盟。正在饮酒欢宴之时，商鞅手下伏兵四起，俘虏了公子卬。同时秦军开始猛烈攻击，大破魏军。魏军战败后，不得已将河西之地割让给了秦国。而商鞅则因为这场胜利一战成名，被封于商地，号为商君。（《史记·商君列传》）在这场战事中，为取得战功而不择手段，商鞅凉薄寡恩的性格显露无遗。《盐铁论》中说商鞅"欺旧交以为功"就是指这件事。司马迁在《史记》中也称他为"天资刻薄人"。

公元前338年，商鞅所依靠的秦孝公去世了，太子驷继位，称为秦惠王。公子虔等人趁机告发商鞅谋反，秦惠王就派兵搜捕商鞅。商鞅逃到边境关隘，想投宿旅店，但店家不敢收留他，说："按照商君之法，收留没有身份证明的客人是要犯法的。"商鞅仰天长叹："唉！我制定的法律却害了我呀。"据说，当他被车裂时，秦国没有人可怜他。（《战国策》卷三）

商鞅变法是否受到了秦国民众的欢迎？《史记》上说，商鞅变法"行之十年，秦民大说（悦）"恐怕为言过其实之辞。因为如果是这样，在他被车裂时就不会有"秦人不怜"的现象，也不会有秦惠王刚死就被告发追捕的事。

至于商鞅变法的得失功过，历史上也是众说纷纭。在汉朝桓宽所著对话体著作《盐铁论》中，就对这个问题进行了激烈的辩论，双方对商鞅的评价有如霄壤之别，相去甚远。以御史大夫桑弘羊为代表的一派认为商鞅"功如丘山，名传后世"，是他使得秦国国富民强，才完成了统一天下的大业。而贤良文学一派则认为，商鞅的政策是"自杀"政策，看似为秦国开辟了帝业，实则将秦国引入了灭亡，所以秦帝国才会二世而亡。

历史是复杂的，对一种政策的成败得失和评价也不能简单言之。商鞅为人刻薄寡恩，看待事物一向采取实用主义的态度，以效果为准绳，不顾及其他。他的变法使秦国在短时期内取得了很好的效果，秦国的军事实力得到了增强，为秦统一中国奠定了基础。这是他的政策成功的一面。在当时战国纷争的局势下，这种政策的实行有其不得已之处。但是，这种不顾一切、直取目的的做法留下了无数的隐患。

首先，国家的战时体制不是常态，把一种临时体制作为立国之本，是商鞅的一个重大失误。这种暂时的成功，是以损害秦国全国百姓包括贵族、文士、商人利益为代价的，也损害了经济和文化的长期繁荣和国家的长治久安。

其次，苛刑峻法造成民不敢言的现象，正如汉朝贾谊所分析的，秦朝正是亡于这种"不敢"。他说，秦朝多禁忌，忠臣不敢谏，智士不敢谋，天下已乱而无人敢上闻。所以，当秦朝强盛时，繁法严刑而天下震骇；等它衰落时，百姓怨怒而四海反叛。（贾谊《新书·过秦下》）即使是在变法推行顺利的那些年，商鞅自己也过得战战兢兢，谨小慎微。韩非子说，当年商鞅在府内外布满了持有铁殳和重盾的武士，以防不测。（《韩非子·南面》）可想而知，这种举国恐惧而"不敢"的状态，很难说是一个国家的正常状态。所以，商君在逃亡时，店家畏于法令不敢收留他。再后来荆轲刺秦王时，殿下的重甲武士畏秦法而不敢上殿救秦王。再后来，秦始皇驾崩，奸臣赵高制造伪诏，手握重兵的太子扶苏和将军蒙恬连想也不敢想，扶苏奉旨自尽，蒙恬自投罗网，随后也自尽。这说明，当时的秦人只知遵守法令，已经没有了独立思考、判断事物的能力。一个没有是非判断的国度，不亡何待。

最后，这样损害民众各方利益、积怨贾祸的变法，必然要靠威权强力推行。而威权看起来地动山摇，雷厉风行，实则弊病丛生。它最大的弱点和漏洞就在权力本身。商鞅变法成功的唯一前提，就在于秦孝公的支持以及秦孝公赋予他的权力。一旦秦孝公驾崩，曾经如此辉煌成功的商君立刻身亡家灭，就是这个原因。

所以，我们综合起来看商君，虽然他取得了一时的成功，但他最终还是毁掉了自己，也毁掉了秦国。这样的变法，在其成功和辉煌的背后，有其灾难性的一面。

　　在中国历史上，商鞅变法是法家思想占据国家主流思想地位的一次重大尝试。它的直接后果一是秦朝富国强兵，灭掉六国，统一中国；二是民怨沸腾，群雄并起，导致秦朝二世而亡。以儒家思想为代表的主流观点认为，秦朝的二世而亡，直接原因就是商鞅严酷苛刻、急功近利的法家思想。自此以后，法家思想就再也没有占据过主流地位。

五 吕不韦与《吕氏春秋》

吕不韦

吕不韦，原是卫国濮阳的一个大商人。他在赵国做生意的时候，认识了在赵国做人质的秦国太子安国君的儿子子楚。当时的子楚，处境艰难，进退无路。在秦国，他因为是庶出，不受重视；在赵国，因为秦国多次攻打赵国，也得不到赵国的礼遇。

但吕不韦一见到子楚，就敏感地意识到，他遇到了一桩好买卖。他对子楚说："我能光大你的门庭。"子楚笑着说："你还是先光大自己的门庭，再来光大我的门庭吧！"吕不韦说："你不明白，我的门庭要靠你来光大。"子楚马上明白了他的用意，便坐下来与他进行了深谈。吕不韦便向子楚详细分析了秦王已老、安国君为太子、安国君宠幸的华阳夫人无子的秦国政局态势，并表示自己虽然还不算富裕，但愿意出千金为子楚上下游说，争取安国君和华阳夫人能够立他为子嗣。子楚听了，顿首致谢说："如果真的如你所说，我愿意分秦国的土地与你共享。"

于是，吕不韦拿出五百金给子楚，让他广交宾客；自己又拿出五百金购买了各种珍奇玩物，来到秦国，游说华阳夫人。他的游说非常成功，安国君和华阳夫人答应立子楚为子嗣，并刻玉符为证。这时，吕不韦身边有一位同居的邯郸美女，已经怀孕，被子楚看上，吕不韦就将她献给了子楚。孩子生下来，就是后来的秦王嬴政。

事情的进展比吕不韦预测的还要顺利。秦昭王五十六年，秦王死去，安国君立为秦王，子楚立为太子。一年后，新立秦王死去，子楚当上了秦王，即庄襄王。同年，庄襄王让吕不韦做了丞相，封为文信侯，食邑十万户。

吕不韦做了丞相后，十分羡慕当时战国四公子的为人以及他们招贤纳士的风气，他认为，以目前秦国的强大，如果在这方面做得不好，就是耻辱了。于是他也开始广招贤士，予以厚待，一时帐下门客多达三千人。吕不韦看到当时的诸侯门客如荀卿等人的著作流布天下，便也组织他的门客人人著述，集结成书，有八览、六论、十二纪，共二十余万字，备述天地万物古今之事，取名为《吕氏春秋》。书成之后，他便命人挂在城门上，旁边放置千金，并承诺，如果有诸侯游士或宾客能增损一字者，便给予千金。其实，这部书是集众宾客所著而成，其行文良莠不齐，远没有达到一字不易的严谨程度，其中甚至有些地名和人名都没有统一起来。但是这部书是中国最古老的类书，许多中国先秦的人物学说和事迹都因这部书而得以保存。因此，它是中国先秦文化史上的一个宝贵的资料来源。下面，我们就从《吕氏春秋》中摘取几个故事片断，以粗略了解先秦时期人物的风貌、他们的思维行为方式以及这部书的大概。

《吕氏春秋》

故事一

在周武王的时候，姜太公被封于齐（地名），周公旦封于鲁（地名），两个人关系很好，经常在一起议论如何治国。姜太公说："治国在于尊重贤能，崇尚立功。"周公旦说："治国在于关爱亲人，崇尚仁慈。"姜太公说："你要如此治国的话，那鲁国从此要削弱了。"周公旦说："虽然鲁国会逐渐削弱，但那时执掌齐国的就不一定是你姜太公吕望了。"后来，齐国日益强大，终于成了霸主。过了二十四代，最终被田成子篡夺了王位。而鲁国虽然日益削弱，却一直存在了三十四代才灭亡。这个故事，显示了中国古代人们内心里的一个强大的价值观，就是不看重谁一时强大，而看谁活得更加久远。

故事二

夏王启和有扈氏之国大战于甘泽（地名），结果失败了。于是六卿向夏王请示再战。夏王说："不能再战了。我们国家虽然很大，人数也很多，但是战败了，究其原因，是我的德行太浅，治理不当。"于是夏王改变了自己以前的作风，平日注重朴素节俭，亲近家人百姓，尊重年老长辈以及贤德人士，任用才能出众的人。过了一年，有扈氏之国就臣服了。所以说，要想胜人者，必先自胜；要想评论别人，一定要先评论自己；要想了解别人，一定要先了解自己。这个故事显示了儒家学说中用道德仁爱使怨者顺服、远者来归的理想图。这种理想图经常受到其他学派的嘲笑，认为它过于迂阔。其实它并非没有道理。那时的仁义道德，就是当今国际关系中经常使用的一个词——软实力。

故事三

郑国公子归生率军攻打宋国，宋国华元率军在大棘（地名）应战，羊斟（人名）为华元驾车。大战前夕，华元杀羊招待将士们，但是没有邀请羊斟。第二天，战斗开始，羊斟愤怒地对华元说："昨天的事你做主；今天的事该我做主了！"说完便驾车驶入郑国军队之中，造成宋国军队大败，华元被俘。可见，弓弩的机关即使有米粒大的差错也不能发射。战争，就是一只巨大的弓弩，一点微小的失误也不能有。华元宴请将士，偏偏把自己的驾车夫给忘了，因此遭到战败被俘，这不是差错吗？在这个故事中，作者把战争看作是一个巨大的系统工程，在这个系统中，任何一点小小的差错都会导致战争的失败。这种对战争的认识，对后人是有启发的。

故事四

楚王向詹子请教如何治理国家。詹子回答说："我只听说过如何管理自身，没听说过怎么治理国家。"詹子难道认为国家不需要治理吗？他不过是认为，治理国家的根本在于治身，自身治理好了，家也就治理好了；家治理好了，国也就治理好了；国治理好了，天下也就治理好了。这四者，等级不同，但根本是一样的。这段论述，是典型的儒家学说的观点，与《礼记·大学》中的修身、齐家、治国、平天下的观点有异曲同工之妙。通过治理自身，可以达到平天下的目的，这在后人眼中可能近乎神话。虽然它很难让人理解，也很难向人传达，但却是中华传统文化的精华。

故事五

魏武侯在中山居住的时候，曾问过李克："吴国为什么会灭亡呢？"李克立刻回答说："那是因为它作战迅速，胜利也很迅速。"武侯说："迅速作战，迅速就胜利，这是国家之福啊，怎么会导致灭亡呢？"李克回答："迅速作战，民众就会疲惫；迅速胜利，君主就会骄傲。一个骄傲的君主指挥一群疲惫的民众，国家能不灭亡吗？骄傲就会放纵，疲惫就会怨恨，久而久之，君主和民众都会走向极端。吴国的灭亡还算是晚的，这就是夫差（吴国国君）

自刭于干隧的原因。"

过去曾经有个善于驾车的人，叫东野稷，鲁庄公听说了，就召他进宫表演。只见东野稷驾着车前进后退，左右旋转，中规中矩。但是庄公的臣子颜阖看见了，却断定东野稷的马一定会累坏的。过了一会儿，东野稷的马果然累倒了。于是，庄公向颜阖请教其中的道理。颜阖说："东野稷的马已经累得没有力气了，可是他还对马不停地发出更多的命令。所以他的马一定会累坏的。昏庸的国君在指挥民众时，也是如此。他不考虑人性，不体会人的感情，频繁地发出命令，却指责民众不能遵从；把民众推向险境，却责难民众胆怯；加重任给民众，却惩罚他们不能胜任。民众想前进得到奖赏，后退怕得到惩罚，又知道自己的能力不足，只好使用欺骗的手法。但被发现了使用欺骗手法后又会按罪处罚。以罪招罪，上下相仇，就是这样引起的。所以，事情太繁杂就不容易成功；命令太严苛就无法让人听从；禁忌太多就没法施行。桀纣的禁令多到不可胜数，就引起了民众造反，自己也被杀死，那就是因为他们的权力使用太过度了。

迅速作战，迅速胜利，反而会导致国家灭亡，这是中国传统文化的独特思维。听起来会感觉奇怪，但却有无数的例证可以支持这个道理。上面刚讲的商鞅变法的胜利以及后来秦国的迅速灭亡都是极好的例子。《易经》中"初虽乘马，终必泣血"的句子，是对这种现象的最好的描述。

六 秦始皇与焚书坑儒

秦王政二十六年，秦王命令将军王贲率军攻打齐国，俘虏了齐王建，灭掉了齐国。这是东部六国中的最后一个国家。从此，秦国统一了天下。秦王政松了一口气。他觉得自己功高盖世，应该重新议一下帝号，以彰显自己的功绩，永传后世。秦丞相王绾、御史大夫冯劫、廷尉李斯与诸位博士商议后提出，自古有"天皇、地皇、泰皇"的说法，其中"泰皇"的说法最尊贵，建议秦王使用尊号"泰皇"。秦王政考虑后认为，去掉"泰"字，再加上古帝位号中的"帝"字，称为"皇帝"比较好。他又说："古代帝王死后，会根据他的行为给他加上一个谥号，这就是儿子议论父亲、臣下议论君王的做法啊，我不赞同，应取消谥法。朕就是始皇帝，以后帝位就传给二世、三世以至万世吧。"于是，"始皇帝"这个帝号就这样诞生了。

秦始皇石刻像

接下来是议定国家体制。丞相王绾认为，燕、齐、楚等地处偏远，不立诸子为王的话，没法管理。秦始皇把这条提议交给群臣讨论，大家都认为这个办法合适。只有李斯提出了不同意见，他认为，如果还是立诸子为王，容易引起诸侯之间互相诛伐，天下大乱，应该设置郡县，如果诸子有功，可以用国家税赋重赏，让大家没有异议，国家才可以安定。秦始皇思索了

　　片刻，认为李斯的意见是对的。于是他便下令将天下分为三十六个郡，每个郡设置守、尉、监等官员。李斯的建议，改变了整个国家的政治架构，从此，中国社会由分封制走向了郡县制。在以后的两千多年里，除了个别时期，中国社会基本上都是郡县制。郡县制是在生产力大大提高、军事能力也大为提高的情况下，国家能够维系一统天下的新的政治体制，它顺应了社会时代的发展。

　　随后，秦始皇又发布了一系列命令。比如，收缴天下所有的兵器，集中在咸阳销毁，铸成十二个金人安置在宫廷内，以表示天下从此销兵休战、永续和平之意。同时，他又发布了统一各种度量衡、统一文字等命令。其中，文字统一这一项，对中国的文化发展起了极其重大的作用。这样，各地所创的地方性文字被统一起来，思想和文化的交流障碍就被清除了。有了共同的文字，才有了共同的历史，才有了对国家和民族的认同。

　　天下甫定，秦始皇在咸阳宫大摆宴席，朝廷所设的七十位博士在席前为秦始皇祝寿庆功。这本是一场君主痛饮、尽欢而散的宴会，但谁也没有想到这场宴会会惹出塌天大祸。首先，仆射周青臣在席上费了一番口舌来吹捧秦始皇是多么的神圣伟大。他的这番话听起来非常肉麻，但在庆功宴上论功祝酒，说出这些话来也属正常。不料博士淳于越突然跳出来，他针对周青臣的吹捧之辞，提出了恢复分封制的主张，他说："臣听说殷周延续了一千多年，是因为靠分封子弟功臣来辅助君王管理政事。现在皇帝您已经拥有天下，如果您不分封各诸侯王，则容易出现田常（齐国叛臣）和六国之卿这样的叛臣。如果我们不向古人学习做事情的方法，那么天下的太平就不容易持久。现在周青臣当面阿谀奉迎您，又加重了您的过错，他不是什么忠臣。"这番话火药味十足，与欢宴的气氛极不协调，而且他又把已定的改郡县制的重大国策重新拿出来讨论，场合和方式都不太合适。秦始皇听后却没有大怒，他反而让大家讨论淳于越的建议。

　　这时已经当上丞相的李斯说："五帝三代的制度不可以效法，应随着时代的变化而有所不同。现在天下已定，法令统一，百姓应当努力务农做工，士人应当学习法令禁规。现在这些儒生不师今而学古，非议当世，惑乱百姓，因此必须禁止。我认为可以施行以下措施：统统烧掉《秦记》以外的列国史书；《诗》《书》和有关诸子百家学说的有关书籍，也请地方官员烧掉。谁敢谈论《诗》《书》，应立即处死。以古非今的，应杀其全家。地方官吏知而不报的，按同罪处罚。命令下达后，三十日内不执行的，应处以黥刑，发往边关修筑长城。医药、卜筮、农业种植方面的书可以不加禁止。禁止私学，如有愿意学习法令的，可以向朝廷官吏学习。"秦始皇下令说："可以。"（《史记·秦始皇本纪》）于是，一项杀气腾腾的禁书烧书令就这样在原本是欢歌笑语的宴会上发出了。结果不到三十天的时间，中国秦代以前的古典文献，都化为灰烬，留下来的只有皇家图书馆内的一套藏书。这就是中国历史上有名的秦始皇"焚书"事件。

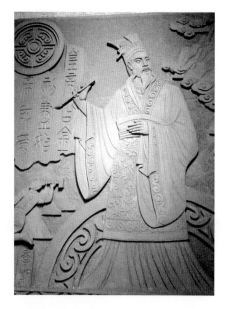

李斯石雕

从这篇禁书令的内容看，它主要针对的是儒家学说以及孔子以来所流行的民间办学的"私学"教育模式。它的发布标志着，随着大一统政体的建立，那种"学在民间"的学术潮流重新被"以吏为师"的"学在官府"的学术模式所代替。一场轰轰烈烈、热闹非凡的百家争鸣阶段就此偃旗息鼓，悄无声息。

焚书事件给中国文化造成的损失难以估量。许多古书现在人们已经看不到了，文化没有得以传承和发展。还有更残酷的事情即将发生，在焚书的第二年，又发生了坑儒事件。

起初，秦始皇是希望和儒生学士们合作的。只不过，他希望这些儒生学士向他提供的不是治国良策，而是长生不老药。因为在治国安民方面，秦始皇相信自己的能力，他不需要向儒生们请教。他杀伐果断，雷厉风行，许多前无古人的措施都由他果断推出，并没有与他人做过多的商议。但在如何获得长生不老药以及封禅泰山等方面，秦始皇有很多地方不懂，因此他对那些儒生和方士的说法可谓言听计从。比如齐国有个方士徐福上书说，海上有三座仙山，上面有仙人居住，他愿意为秦始皇出海求仙。秦始皇很高兴，就为徐福配备了航船、物资和童男童女派他出海，但徐福却一去不复返。再比如，秦始皇派卢生去寻找仙药，卢生就编造了各种荒诞的说法来哄骗秦始皇，他说："皇帝的行程居所不能让其他人知道，如果知道了，仙人和真人就不会降临了。"于是秦始皇就下令，凡是他所到之处，如有人泄露，罪当处死。

总之，这些儒生和方士们为了迎合秦始皇寻求长生不老药的需求，制造了种种谎言。他们根本找不到长生不老药，后来他们不但逃之夭夭，而且还私下里诽谤朝廷，议论秦始皇，说秦始皇刚愎自用、专制暴戾等等。秦始皇对儒生和方士的做法也早已不满，双方的关系异常紧张，一触即发。

终于，导火索被点燃了。当初被指令寻找仙药的侯生和卢生最终因为找不到仙药而逃跑了。侯生和卢生的逃跑使秦始皇勃然大怒。于是，他下令逮捕那些儒生方士，并对他们加以审讯。儒生们的弱点此时暴露无遗，他们互相揭发，互相牵扯，试图借此免除自己的罪行。这样一来，一时牵扯出四百六十多个人。秦始皇下令将这四百六十多人全部坑杀在咸阳，还有更多的人被发配到边关。当时，有个公子扶苏替这些儒生求情说："现在天下初定，远方的百姓还没有全部归顺。这些儒生都是效法孔子学说的人，您将他们施以重法，恐怕对天下安定不利啊。"秦始皇听后更加恼怒，一气之下就把公子扶苏发配到北方边关去监军了。（《史记·秦始皇本纪》）

总之，"焚书坑儒"是秦国一统天下后，统治者和学者间还不能相互适应、政治体制和文化体制的一次剧烈碰撞。"焚书坑儒"，意在维护秦朝统一的集权政治，排除不同的政治思想和见解，加强思想控制，虽然在短时间内取得了成功，但由于其手段残暴酷烈，并不利于国家的长治久安，因此，秦朝不久便被民众起义推翻。

七 汉初的儒与道

从秦帝国崩溃，到楚汉相争，再到汉王朝建立，短短时间内，号令三变，国柄屡迁，兵戈遍地，中国经历了前所未有的社会动荡。如果说，春秋五霸时期的交战还要有一个堂皇的借口，这时候的征战已经完全是赤裸裸的暴力征服。君主们忙着攻城略地，已经完全顾不上什么诗书礼乐。儒生们的处境进一步恶化。如果说，有这样一个儒生，他的一生经历了从秦二世到汉高祖刘邦的所有历史时刻，他一生的经历，几乎就是儒学在这个动荡年代的命运的缩影，那么，这个人就是叔孙通。

叔孙通

叔孙通原是薛国人，在秦二世手下任一个闲差待诏博士。秦二世在听到陈胜在大泽乡起义的消息后，就召集各位博士和儒生商议。儒生们纷纷发表意见："做臣子的绝不能兴兵聚众，谁兴兵聚众谁就是反叛，希望陛下迅速发兵击之。"秦二世一听急得面色通红，不满之情溢于言表。叔孙通就走上前去说："他们说得都不对。现在天下已经统一，各地方势力已经被消灭，天下的兵器也已被收缴融化，铸为金人，天下已再无战事。现在明主在上，法令在下，人人奉职守法，心向朝廷，哪来的什么反叛？这些鼠窃狗盗之辈，何足挂齿？让地方官员去抓捕他们好了，您有什么可忧虑的呢？"秦二世听罢大喜，连声称好。于是便让众儒生表态，这到底是反叛还是鼠窃狗盗。有的儒生说是"反叛"，有的说是"鼠窃狗盗"。结果说"反叛"的都被投进监狱，说"鼠窃狗盗"的全都被免罪；同时还特地奖给叔孙通二十匹布帛、一件锦衣，并拜为博士。这种儿戏般的处置令人啼笑皆非。秦廷之中政治环境的恶劣与严酷，可见一斑。而叔孙通却依靠他出色的察言观色能力和灵巧多变的柔软身段侥幸躲过了这一场政治屠杀。回到住所，诸生埋怨叔孙通说："先生的发言也太阿谀逢迎了吧。"叔孙通说："你们哪里知道？我自己都差一点落入虎口啊。"惶恐之余，他就匆忙逃跑了。后来，叔孙通先后追随过项梁、楚怀王、项羽，最终投靠了汉王刘邦。

汉王刘邦最讨厌儒生，他曾经蔑视地向儒生的帽子里撒尿。叔孙通在刘邦手下的日子的艰难可想而知。一开始叔孙通身穿儒服，见刘邦不喜欢，他就改为楚式短衣，刘邦的态度一下子就转恶为喜。《说文》曰："儒者，柔也。"儒者的这种灵活多变的姿态在叔孙通身上表现得再充分不过。

叔孙通在投靠刘邦时，身边还带着一百多名儒生和弟子。但是他向上推荐的却只是那些做过强盗的膀大腰圆的壮士。众儒生私底下都纷纷骂他说："我们都跟随先生多年了，现在所幸归了汉王，而先生只向朝廷推荐那些凶险狡诈之人，而不推荐我们，这是为什么？"叔孙通听到后就说："现在汉王每天冒着擂石箭雨争夺天下，需要的是斩将夺旗的勇士。推荐了你们，你们能够战斗吗？你们再耐心等等，我不会忘记你们的。"不久，叔孙通被拜为博士，号称"稷嗣君"。

汉王五年，刘邦基本扫平了天下，在一帮臣子和诸侯的簇拥下，在定陶登上了帝位。叔孙通参与制定了帝号礼仪等工作。刘邦希望新的朝廷能去掉秦朝的繁杂仪式，务求简易。但在庆功宴上，群臣饮酒争功，大醉妄呼，拔剑击柱，闹得不亦乐乎。这让刘邦很恼火。叔孙通知道刘邦讨厌这种行为，就谏言说："儒者的长处不在进取，但善于守成。我愿意去鲁国征选儒生，和他们一起制定朝廷礼仪。"刘邦问："制定这些很难吗？"叔孙通说："礼仪，本来就是根据不同的人情世故节制修饰而成。所以夏商周三代的礼仪都是经过增添删改而成的，它们并不重复。臣愿意采用古礼，再参考秦礼，制定一套新的礼仪制度。"刘邦说："可以试试。但要简便易行，根据我们自身的情况来制定。"

于是，叔孙通在鲁国征求了三十多个儒生。有两个儒生因看不起叔孙通不肯参加，他们说："先生你分别跟随了十个主人，每一次都靠阿谀逢迎得到重用。现在天下刚刚安定，死者还没安葬，伤者还没痊愈，你就想制定礼乐制度。礼乐是怎么产生的？那是积累了百年的德行才能够兴起。你的行为不合于古道，我们不去。"叔孙通笑着说："你们这帮孤陋寡闻的儒者，就不知道按时代的变化行事。"于是便带了三十位儒生西行，再加上自己身边的学者弟子共一百多人，在野外的一块空地演习新的朝廷礼仪。他们演习了一个月后，请刘邦阅示。刘邦检阅后认为可行。

汉王七年，长乐宫修成，诸侯群臣都来朝拜。按照礼仪，廷院内设置了车骑步卒守卫着宫殿，四周还陈列着兵器和旗帜。天刚亮时，由士兵把群臣依次领入殿门，只听一声传令："趋！"殿下郎中便分列两排，夹护着两百多人登上大殿的台阶。功臣、诸侯、将军排列在西方，面朝东；文官、丞相排列在东方，面朝西。大典设立了九位贵宾，依次唱名。然后皇帝乘坐着辇轿从住处出发，沿途百官执事传呼警示，引领官员依次奉贺。诸侯官员无不震恐肃静。朝见礼毕，又设置了礼酒。诸侯官员都匍匐于殿中，按照尊卑大小起身祝酒。祝酒过了九巡，执礼的官员说："罢酒！"于是御史便在四周执法，看到不合礼法的就将他带走。整个大典仪式，再也没有敢于喧哗失礼的人。

刘邦见此情景，高兴地说："我今天才感受到当皇帝的尊贵！"为了表彰叔孙通设计礼乐制度的功绩，便拜叔孙通为太常（官名），并赐金五百斤。叔孙通没有忘记跟随他的儒生和弟子。他对刘邦说："我的这些儒生和弟子跟随我已经很久了。他们也参与设计制定了礼仪，希望陛下也能赐给他们官职。"于是，所有的儒生和弟子都被封为郎官。叔孙通回来后，还将自己所得的赏赐分给他们，诸生都高兴地说："叔孙先生真是圣人啊，他懂得世上最要紧的事务是什么。"后来，叔孙通一直升迁到太子太傅。

儒学在这个时代处于一种尴尬的地位。在那个兵马倥偬的年代，没有叔孙通这样柔软的身段是无法存活的。所以叔孙通嘲笑那些顽固不化的儒生为不懂时务的"陋儒"。但是，在夹缝中生存下来的儒学，已经失去了道义的光彩，沦落为帮忙打杂的卑微角色。在孔子时代，儒者们为自己的治国理想而四处奔走，如果不能实现自己的理想，甚至所遇的君王脸色稍有不悦，他们会转身就走，去寻找能实现自己抱负的地方。现在天下统一，儒生们已经无路可走。能像叔孙通这样，不仅自己生存下来，还能得到升迁，并把儒学传统和儒生们都保留下来，已经是奇迹了。有了这种隐忍和坚持，才有了后来汉武帝时将儒学定为一尊的荣耀，并作为国家学说，统治学界两千多年。所以，司马迁在谈到叔孙通时，称赞他为"汉家儒宗"。（《史记·刘敬叔孙通列传》）

在秦二世灭亡之后，法家学说身负恶名，已经失去了与儒学争夺学界统治地位的能力。能够与儒学相争的，是道家学说。

在汉初，由于战争刚刚结束，人民需要休养生息，儒家学说又过于繁杂和迂阔，不能立见实效，所以，统治者所执的还是道家的"无为"学说。汉初身行道家学说的典型人物是曹参。

曹参是跟随刘邦在沛县起家、一路南征北战、东拼西杀而战功累累的将军。但他并不是一个粗人。在跟随刘邦的长子刘肥在齐郡做丞相时，由于当时天下初定，他就曾召集齐郡的儒生询问理民安邦的良策。一时儒者云集，来到齐郡的儒者达到了一百多人。儒生们让曹参感到很失望。他听说胶西有一位盖公，专治黄老学说，就派人用重金把盖公请来。盖公为他讲述了执政者要清静无为、百姓自然安定的道理。在汉初大乱初定的时代里，这种简便易行、明白如话的道理相对于繁琐迂阔的儒家学说，优势明显。曹参立刻从正堂里搬了出来，让盖公住了进去。曹参在齐一共为相九年，一直使用黄老学说治齐，齐郡安定繁荣，被大家称为"贤相"。

　　汉惠帝二年，丞相萧何死了，他也是信奉黄老道家学说的一代汉初丞相。听到这个消息，曹参就平静地对家人说："收拾行装吧，我要做丞相了。"曹参不仅仅是一位会打仗的武将，他对政治局势有着极敏锐的判断力和把控力。没过多久，朝廷果然派了使者来迎曹参入朝为相。曹参代替萧何成为汉朝丞相后，一切事务都没有变更，全都遵从萧何的规定。后来，民间因此有了一个成语，叫"萧规曹随"，就是源于此。做丞相时，曹参选择了一个木讷厚重、不善言辞的官吏做丞相史，把那些语言刻薄、行文颇深的官吏全都革除了。然后他就整日喝酒，不问政事。卿大夫和下级官员看到曹参每天什么都不做，便来劝说，结果每个来劝说的人都被曹参拉来喝酒，一会儿便大醉而归，忘了要说什么。

　　曹参每天喝酒不做事的消息终于传进了汉惠帝的耳朵里。汉惠帝就把曹参的儿子即当时担任中大夫的曹窋找来，对他说："你回家私下问问你父亲，作为丞相，每日喝酒，无所事事，怎么能思考天下大事？"曹窋回家后就把那番话对曹参说了。曹参听后大怒，让人把曹窋按倒，打了二百板子，骂道："我送你进入朝廷是让你侍奉皇上的，天下大事轮得着你说话吗？"等到再入朝时，皇上斥责曹参说："你为什么要治曹窋的罪？是我要他劝说你的。"曹参立刻把帽子摘下来谢罪并解释说："皇上您自己反省一下，您比高皇帝怎么样？"

汉惠帝说："我怎么敢跟高皇帝比？"曹参说："那皇上看，我和萧何丞相比，谁更贤德？"汉惠帝说："你好像不如萧何丞相。"曹参说："陛下说得很对。高皇帝和萧何丞相安定了天下，法令明晰，现在又有陛下您治理国家，我们奉公执守，遵守以前已定的规矩，不发生过错，不就可以了吗？"皇帝说："说得好，你去休息吧。"（《史记·曹相国世家》）

汉初执政者以道家清静无为的思想治理国家，一直延续了很多年，从汉高祖、汉惠帝一直到汉文帝、汉景帝；从萧何、陈平到曹参，甚至到窦太后，都偏爱黄老之术，而讨厌儒学。其中，汉文帝被章太炎先生称赞："自来学老子之术而至者，惟文帝一人而已"（章太炎《国学讲演录》），也就是说，自古以来，学老子之说学得最到位的，只有汉文帝一人。这从汉文帝登上帝位后的所做所为中可以看出。

在大一统时代，执政者都在寻找合适的学说用以治国安民，各学派也在不停地寻求统治者的支持。虽然儒家学派暂居下风，但儒家学派和道家学派的明争暗斗一直延续到汉武帝时。汉武帝元年，汉朝立朝已有六十余年，天下安定。儒生们就劝说汉武帝举行封禅，改变治国之术。因为举行各种大典的仪礼是儒生的特长。汉武帝是一个倾向于儒术的帝王，他就广招儒家的文学贤良人士，并把赵绾、王臧等儒生提拔为公卿，开始商议建立儒家色彩的祭祀、庆赏、朝会的明堂，草拟封禅、改历、服色等事宜。

但这时，喜好黄老之术、讨厌儒生的窦太后还在世。窦太后是汉文帝的皇后，汉景帝即位后，她被尊为皇太后；汉武帝即位后，尊为太皇太后。她讨厌儒生是出了名的。她曾经命令一个儒生去和野猪搏斗，幸亏那个儒生带了一把锋利的匕首，才侥幸活命。窦太后听说武帝任用儒生，商议封禅，就暗中派人侦察赵绾、王臧等人以权谋利的事情，并把赵绾、王臧捉拿审问。结果，赵绾、王臧二人自杀，为汉武帝准备的各项事务也都自行作废。

六年后，窦太后去世，汉武帝才重新招纳了儒家学派的公孙弘等人入朝。又再次任命喜好儒术的田蚡为丞相，儒学势力才再度抬头。后来，汉武帝接受了董仲舒等人"罢黜百家，独尊儒术"的建议，儒学学派才逐渐登上国家学说的尊位，儒道相争的局面才算告一段落。

一个国家的建立和运转，离不开制度建设。儒家学派对古代制度的尊崇和钻研，是他们在和道家学派的相争中胜出的根本原因。可惜的是，这种制度建设仅仅限于礼仪制度，而这种礼仪制度，仅仅是为了区别尊卑、贤愚和男女，以使社会安定、人民不争而制定的。孔子本人对法律制度的建设和这种建设所代表的平等观念并不感兴趣。这一点，从他对晋人铸刑鼎的反对意见中就能明显看出。孔子所处的年代是诸侯攻伐、民不聊生的年代，他的学说是为了解决社会所提出的现实问题。因此，对现存的制度加以增删损益并应用于社会是最现实最可行的办法。而这种制度，必须是出自这个社会中大多数人的本心才能够得到实行。因此，孔子不是一个纯粹的哲学家，在那个混乱的年代，他不可能每日进行深深的思考，并制定出一套完美的制度来贡献给社会。他只是一位有着强烈的现实感的社会践行者。这一点，决定了他所创立的儒学的走向和命运，在某种程度上，也决定了古代中国的走向和命运。

八 司马迁与《史记》

　　司马迁的父亲司马谈是汉武帝时代的太史公。司马家的祖先，自周朝起就为太史，可谓太史世家。司马迁十岁起就开始诵读古文，二十岁就遍游大江南北，博览人文世故。他早年还曾拜当世大儒孔安国和董仲舒为师，接受了古文和春秋公羊学说的教育。

　　元封元年，汉武帝举行封禅大典，他的父亲司马谈随汉武帝前往泰安参加大典，不幸中途染病，滞留在洛阳。身为太史公，却无法亲临如此重要的国家大典，司马谈悲愤交加，不久死去。弥留之际，他拉住儿子司马迁的手，流着眼泪说："我们家的祖先就是周朝的太史。再往上数，还曾有祖先立功名于夏朝，履行天官职务。但是后世就衰落了。现在皇上延续千年的传统，举行封禅大典，我却不能参加，这都是命啊。我死以后，你一定会成为太史。你成为太史后，不要忘了我想要写的著作。你要扬名于后世，以显父母，这才是最大的孝啊。自从《春秋》以后，诸侯互相攻杀，写作史书的事就断了。现在汉朝兴起，天下统一，明主贤君、忠臣义士的事迹需要记录，但我作为太史现在却写不了了，实在太遗憾了。你一定要完成这件事啊。"司马迁听后，低头痛哭不已，他说："我虽然不聪明，但一定会按照父亲所搜集整理好的历史资料，把它们都写下来。"三年后，司马迁代替父亲，称为"太史令"。

　　司马迁所任的太史令已经不同于司马谈的官衔太史公。太史公不仅仅是写史书的官，同时还是一个握有实权的关键位置。它是六官之首，总管六官，但不治民。它的位置在丞相之下。天下人如有上书谏议，要先上太史公，然后上交丞相。而后来改为太史令，就只是行使太史公的文字职务，其他权力就没有了，儿孙也不能世袭了。

司马迁任太史令后，没有忘记父亲的嘱托，经过十年的艰苦努力，他将父亲留下的历史资料整理写成上至黄帝轩辕、下至当代（汉武帝时代）的一本纪传体通史巨著。全书共分十二本纪（记述帝王事迹），三十世家（记述诸侯、贵族事迹），七十列传（记述人臣事迹），十表（历史大事年表），八书（记述各种典章制度），共一百三十篇，五十二万六千五百字。这本书最初被称为《太史公书》，东汉时改叫《史记》，并沿用至今。《史记》的出现，对中华文化史有着极大的意义，它使中华文化彻底告别了传说的时代。另外，《史记》是一部开山之作，它开辟

司马迁雕像

了中国历朝历代修史的传统，使中国成为世界上历史最完备的国家。

正如司马谈所说，《春秋》以后，由于诸侯混战，直到汉朝，再没有史书问世。当司马谈这样说的时候，他心中已有一个非常宏大的志向，就是让这本书延续《春秋》的传统，成为一本新的《春秋》。但是司马迁很清楚，时代已经变化了，一本新的《春秋》的出现是不可能的。他从老师董仲舒那里已经知道了《春秋》是一本什么书。强烈的道德感、是非观和使命感才是《春秋》的特色，而不仅仅是为了记述历史。而在司马迁看来，汉朝已非春秋时代，汉朝天下一统，上有明主，下有贤臣，这些人的盛德事业如不能流传后世，则是史官的失职。所以司马迁认为，他所记述的这些历史故事，只不过是整理前辈人留下来的资料，而非自己的创作，因此，把《史记》比作《春秋》是错误的。（《汉书·司马迁传》）

尽管司马迁意识到，他的《史记》不可能像《春秋公羊传》那样褒贬鲜明，但是，《史记》的写作还是受到了《春秋公羊传》的深刻影响。

首先是司马迁在写作《史记》时的实录原则。所谓实录，按照班固在《汉书·司马迁传》中的说法，就是"其文直，其事核，不虚美，不隐恶，故谓实录"。这种实录原则，虽然已经完全不同于《春秋》的褒贬笔削，但在大一统的政治环境下，必然会引起统治者的愤怒和嫉恨，政治风险是相当大的。司马迁后来的遭遇，也证明了这一点。

其次，《史记》的写作，不仅仅是简单记述历史，也不单单是按照成败存亡来记述人物，而是像《春秋公羊传》那样，带有强烈的道德感。所以，在《史记》中，充满了失败的英雄，如项羽、韩信、李广、荆轲等等。在对这些人物的描写中，司马迁的文字充满了奇崛、瑰丽和悲壮的色彩。这些人在现实生活中都是失败者，但是他们在司马迁的笔下，却成了熠熠生辉的英雄。这些人物通过自己的毁灭彰显了他们所代表的精神和道德，并使其得到永存。《史记》行文的悲壮色彩，也许和司马迁本人的悲惨遭遇有一定关系，但最终的原因还是与中国古代文化中的道义传统有关，与他从董仲舒、孔安国那里接受的教育有关。没有崇高的道德理念，就不可能有悲剧。可以说，司马迁是中国文化中第一个把古希腊悲剧所内含的悲剧精神体现在自己作品中的人。在中国古代，没有恢弘的荷马史诗，没有古希腊的悲剧，但是，《史记》的出现弥补了所有的缺憾。《史记》在美学和文学上的意义，一点也不亚于它在史学上的意义。

在《史记》的写作过程中，司马迁遭遇了"李陵事件"。通常人们认为，这是司马迁遭受酷刑的直接导火索。

汉武帝天汉二年，李陵率五千步卒深入大漠，直捣匈奴单于王庭，在浚稽山遭到匈奴主力三万多人的包围，由于寡不敌众，矢尽粮绝，援兵不至，最后被迫投降。消息传回朝廷，武帝大怒，群臣也纷纷谴责李陵的行为，唯独太史令司马迁替李陵辩解说："李陵平日以孝侍奉父母，以诚信对待士兵，他常常奋不顾身为国家作战。现在战事不利，那些保全了自己和妻儿的臣子们就纷纷诬陷他，真是令人痛心。

李陵率领不满五千步卒，深入匈奴腹地，抵挡数万敌军，使敌人死伤无数。李陵军在转战千里、矢尽粮绝的情况下，奋死抗敌。他们虽然失败，但他们的战功也显露于天下。李陵所以不死，是想再找机会报答朝廷吧。"这番话更加触怒了汉武帝，他就下令把司马迁打入了监牢。

第二年，有消息传来，说李陵在匈奴为单于训练士兵，准备和汉军作战（其实是另一个叫李绪的人所为），汉武帝不分青红皂白，也不去调查真相，就将李陵的母亲和妻儿处死，司马迁也被判处死刑。按照汉朝的法律，死刑可以用两种方式豁免，一是交五十万赎金，二是接受腐刑。司马迁官小家贫，拿不出那么多赎金，亲戚朋友也没有人帮忙，想到自己的著作《史记》还没有写完，对父亲的承诺也没有完成，不能就这样死去，他只得忍受奇耻大辱，选择了腐刑。司马迁被刑以后，境遇稍稍变好了一些，出狱后，他担任了中书令，还比较受重用。在此期间，他发愤著书，终于完成了这部不朽的史学名著《史记》。（《汉书·司马迁传》）

这是李陵事件及司马迁被刑的简略过程。但实际上，司马迁秉笔直书的实录原则，才是他遭遇酷刑的根本原因。据署名刘歆的《西京杂记》记载，司马迁在《史记》中，有一篇《景帝本纪》，记述了汉景帝的很多缺点，也有许多描述汉武帝过错的话，引起了汉武帝的恼怒，他曾下令把这些内容全部删去。（《西京杂记》卷六）按照这个记载，汉武帝对司马迁早已恼怒在心，李陵事件不过是一个导火索而已。我们还不清楚那些犯忌的记述是不是全部删去了，现在翻阅《史记·孝景本纪》，还能看到如下内容，说汉景帝错用晁错，在诸侯强盛的情况下，不是采取渐进的方法，而是采用强硬的手法削藩，是造成七国皆反的原因。另外，司马迁在《史记》的《封禅书》中，记载了汉武帝大量求仙祭鬼、任用方士的事迹。这些大概都是引起汉武帝恼怒的原因。司马迁的悲惨遭遇和他绮丽的文笔，大概让鲁迅想到了屈原，所以，他才称赞《史记》为"史家之绝唱，无韵之离骚"。

儒学的建立

第六章

儒学的建立，经历了一个漫长而复杂的形成过程。汉人许慎的《说文解字》中说，"儒，柔也，术士之称。"说明在一开始，儒是所有学术之人的总称。

春秋末年，百家兴起后，孔子建立了自己的儒学学派，开始以诗书礼乐教人。司马迁《史记·孔子世家》中说："孔子以诗书礼乐教，弟子盖三千焉，身通六艺者七十有二人。"其中的六艺，是周朝贵族教育中必须掌握的六门技能：礼、乐、射、御、书、数。（《周礼·保氏》）说明孔子在教育学生的过程中，最初还是基本延续了周朝的贵族教育内容，只不过是把这些教学内容从官府之中搬到了私人教学中而已。通过孔子的私学教育，这些原本是贵族教育的内容得以流布民间，使得民间的英才之士能够掌握贵族专有的知识，有机会崛起于草莽田亩之中，游走于诸侯之间，谈说于庙堂之上，孔子在教育普及方面的功绩，堪称无与伦比。

在讲学的同时，孔子的儒学学派逐渐形成了自己的以仁学为核心的学术体系。为了实行自己的理想观念，孔子不辞鞍马劳顿，与自己的学生一起，周游列国，到处推广宣讲自己的学说，希望自己的仁学能够治理天下的混乱，挽救民众于水火。直到晚年，孔子眼看自己的政治抱负无法实现，只好回到鲁国。在鲁国，他一边与弟子们讲求学问，一边整理了鲁国和周朝散落于民间的史书、礼仪、占卜等典籍。这些典籍，就构成了儒家学派后来奉为教科书的六经，即《诗》《书》《礼》《乐》《易》《春秋》。

孔子去世后，儒学分为不同的学派，孔子的弟子和后代继续在各地传承和宣讲儒学学说。在这个过程中，儒学逐渐形成了以孔子为精神导师、以仁学为思想体系、以六经为学派教科书的学派，直到在汉朝被定为独尊的国家学说。并在后来的历朝历代，逐渐获得越来越尊崇的地位。在这个过程中，孔子的形象有被"神化"的倾向。孔子的门人弟子、公羊学派、今文学派和历代统治者在这个"神化"的过程中都起到了添油加醋的作用。但是，这个被"神化"的过程，同时也是儒学的价值逐渐被人们所认识、所接受的过程。儒学并不是一开始就被统治者所接纳的。孔子一生栖栖惶惶，颠沛流离，几乎被所有权势者拒之门外，受到无数人的嘲弄，遭到各种暴民和武人的欺凌，受到其他学派的术士的排挤和陷害，但是他没有放弃自己的理想。他接受过许多权势者的捐赠和赞助，也和很多权势者合作过，但他是为了推广自己的观念和理想，而不是为了富贵。当他看到自己的理想无法实现时，他会拂袖而去，视富贵如浮云，弃之如敝屣。他的理想主义，他的仁学理念，他的独立的人格和自由的思想，永远成为中国人心目中尊崇的对象。在一个以暴力为原则的社会里，能提出仁爱为核心的学说，并不懈地推行，是需要勇气的。

从儒学发展形成的过程还可以看出，儒学的形成还是一个不断吸收和融合的过程。所以，在儒学形成的过程中，已经兼有了诸子百家的特长，这里所说的儒学，也已经不是单纯的儒学，而是一个吸收了各家学派所长的一个综合的儒学概念了。从这个角度讲，儒学是继承了整个中华文化精华的学说。

孔子的祖先是殷宋贵族。他的家族的历史可以追溯到建立商朝的汤王。武王伐纣之后，曾经任命纣王的儿子武庚在朝歌继续祭祀汤王。史书上说，武王的战争是一场正义的战争，是不以占领和吞并国土为目的的战争。因此，武王的目的只是消灭暴虐的纣王，在平定殷商之后，仍然任用殷商的贵族来治理地方。但是，武王去世后，殷商贵族又开始造反，周公就奉成王之命平定叛乱。之后，便封纣王的庶兄微子启执掌宋国，地点在现今河南商丘。任命微子启的命令，被记载在《尚书·微子之命》中。微子启死后，他的弟弟微仲继位，微仲就是孔子的第十五世祖。微仲的第八世孙就是孔父嘉，在宋国任大司马。孔父嘉有一个美丽的妻子。宋国的太宰华父督看见她后，目光一直被她所吸引，随后口里喃喃说出三个字："美而艳。"后来孔父嘉就倒了霉。华父督以宋国连年战争、民不聊生为借口，指责都是大司马孔父嘉的过错，于是，在一场内斗中杀死了孔父嘉，霸占了他的妻子。（《左传·桓公元年》）

后来，孔父嘉的后代为了逃避宋国的战乱而逃到了鲁国。到了鲁国，孔氏家族开始衰落，沦落至普通的士人阶层，到了叔梁纥这一辈，才在陬邑任大夫。叔梁纥生了九个女儿，他的妾生了个儿子，又是残疾，他只好向颜氏求婚。颜氏有三个女儿，他对三个女儿说："陬大夫叔梁纥虽

孔子

然父亲祖父都是一般的士，但祖先却是先圣王的后裔。叔梁纥本人长得身长十尺，武艺绝伦，我很欣赏他。虽然他岁数大了些，性子也有些急躁，但这些都不足为虑。你们谁能做他的妻子呢？"两个女儿都不做声，只有最小的女儿颜徵在回答说："我听从父亲的安排就是。"颜父说："那就是你吧。"于是就把颜徵在嫁给了叔梁纥。由于叔梁纥年纪大了，怕不能生儿子，夫妻俩就偷偷跑到尼丘之山祈祷。生下孔子后，就取名为丘。（《孔子家语·本姓解》）司马迁在《史记·孔子世家》中说，因为孔子生下后，头顶上有丘壑，所以取名为孔丘。这是另外一种说法。

这里有一个问题，孔子本是殷宋贵族后代，他为什么会尊崇征服了殷商的周朝文化制度呢？一个原因是，从周武王伐纣、孔氏祖先被封于宋，到孔子出生，已经是几代人过去了。距孔氏祖先逃到鲁国，也已经过了四五代人，到了孔子的爷爷、祖爷这两辈，已经沦落为普通的士。由于家族中落，孔子从小生活非常贫贱，因此他对自己的宋国贵族的情结已经十分淡薄。除了贵族身份淡漠，孔子认同周朝礼仪制度的第二个原因就是周朝礼仪制度的灿烂和完备。孔子曾经考察过夏、商、周三代的礼仪制度，他得出的结论是：商与夏"一文一质"，而周朝则借鉴和综合了这两代的特点，变得文采灿烂，制度完备。他说："我是倾向于尊从周朝制度的（吾从周）。"（《史记·孔子世家》）一文一质，意思是说，夏朝的制度是质朴的，而商朝的制度则有了文采。到了周朝，可以说是文采灿烂了。关于这一点，可以参考《礼记》中的记载加以理解。孔子说："虞夏之文，不胜其质；殷周之质，不胜其文。"（《礼记·表记》）就是说，夏朝的质朴超过了它的文采；而殷周两代的文采盖过了它的质朴。在殷周两代之中，周朝的文明制度又格外丰富灿烂，达到了让孔子惊叹的地步。

那么，周朝的制度与殷商相比，差别在哪里呢？王国维先生在《殷商制度论》里说，周朝的制度与殷商相比，最大的差别就在于：

（一）立子立嫡制度（即嫡长子继承制度）；（二）庙数制度（祭祀祖先的世代之数）；（三）同姓不婚制度。这些制度的原则概括起来就是尊尊，亲亲，贤贤，男女有别。

举个简单的例子，周之前没有严格的嫡子继承制度，所以以弟代兄的现象比比皆是。到了周朝，嫡子继承成为严格的制度。所以周公虽然襄助武王克殷胜纣，后来又带兵讨伐叛乱，可谓功勋卓著，但是武王死后，周公还是扶持武王的幼子成王登基。周公抱着成王号令天下诸侯的形象，在中国历史上一直是一个美好的形象，原因就在于，周公没有居功自立，而是谦恭克己，遵循了礼法。

总而言之，孔子对周朝礼仪制度的认同，完全是一种精神上的认同，文化上的认同。作为儒者，他知道文化的重要，他不可能认同秩序混乱、暴力横行、粗鄙少文。这也解释了为什么他的学说、他的典籍教材几乎全部来自周朝。所以，从孔子起，中国的文人就有"从道不从君"（荀子语）的文化传统。人们往往很难理解，孔子为什么会念念不忘回到过去，恢复周礼。如果人们知道周朝具有稳定的制度、完备的礼仪和灿烂的文化，而后来的战国时代则是对这种礼仪制度的破坏，是秩序混乱、战争频仍的时代，就不难理解孔子的选择了。

孔子家道中落，出身贫贱，他小时候所做的游戏，就是演习各种礼仪。他早年在鲁国做过一系列委吏、乘田之类的小官，干得非常努力，也很出色，所管的账目都很清晰，所饲养的牛羊都很茁壮。后来，孔子做了中都宰，管理一些养生送死的事宜。在他的管理下，大

孔子圣绩图

人和孩子分别吃不同的食物；强壮者和虚弱者分别担任不同的工作；男女分路而行；人们路不拾遗，器具简朴不加雕饰；他还规定了棺和椁的尺寸，依靠丘陵为坟，不加封土，也不竖标记。这些办法实施后，四周的诸侯国纷纷效法。鲁定公很高兴，就问孔子："你的这些办法，可以用来管理鲁国吗？"孔子高傲地回答："用来治理天下都可以，岂止鲁国啊。"不久，孔子做了司空，又由司空升迁为鲁国的大司寇。在此期间，他设立的法律条文都形同虚设，因为社会安定，没有人做犯法的事情。

齐鲁会夹谷图

后来，孔子由大司寇兼任宰相，并随鲁定公一起参加齐鲁两国一次有名的会盟，即夹谷之会。赴会前，孔子告诫鲁定公，文事必有武备，诸侯出疆，应该随从左右司马。果然，在会上，齐人用武力劫持了鲁定公。孔子历阶而上，掩护鲁定公退下，并据理斥责齐侯。齐侯心中有愧，慌忙回避。接着，齐侯又命令俳优和侏儒作戏于前。孔子上前指出，匹夫侮辱诸侯，罪应斩首。当即招呼左右司马，将俳优侏儒斩于阶下，并在接下来的结盟中，为鲁国争回了齐国所侵占的汶阳等地。齐侯回国后，就责备他的属下群臣说："鲁国人用君子之道辅佐君王，而你们净用一些夷狄之道来教寡人，这才得罪了邻国。"这次夹谷之会，是孔子第一次出现在诸侯国之间的外交场合，这次赴会，他充分展示了自己的外交才华，为鲁国争得了荣誉和权益。

接着，孔子为了加强君权，派子路隳毁三都[①]。孔子对鲁定公说："按照古代的制度，私人家里不藏兵甲，国境之内不存百雉[②]之城。但现在鲁国的季孙、叔孙、孟孙三家的城墙都已经超过了规定，这是战乱的隐患，应该统统拆掉。"这就是史书上著名的"隳三都"事件。"隳三都"的过程，据《孔子家语》记载是顺利的，三家超过规定的城墙都被毁掉了，从此"尊君卑臣，政化大行"。但是《史记·孔子世家》的记载却不是如此，《史记》中记载，季孙的费邑拆得很顺利，因为孔子的弟子子路在那里做官。叔孙的郈邑稍费了些功夫，因为叔孙带人造反，孔子指挥门人弟子率兵平息了叛乱，费城也随之被拆掉。而孟孙则借口自己的郕邑是通向齐国的北门，如果拆掉，鲁国将不保，拒绝拆掉。鲁定公随即派兵包围郕邑，不料城墙果然高大坚固，竟没能攻下。所以，所谓"隳三都"，其实是不了了之、以失败告终的。这样明显违反祖制、以强族欺凌国君的事情竟然无法解决，孔子心中的沮丧可想而知。

齐国人听到鲁国启用孔子为大司寇行摄相事，心中感到害怕，认为孔子在鲁国为政必然使鲁国强大，鲁国如果成为霸主，一定会先吞并齐国。于是便想出一个计策来阻挠鲁国的强大，就送给鲁国国君一百匹骏马以及一支由八十名女子组成的歌舞乐队，想使其荒废国事，消磨志气。鲁君接受后，果然终日观赏，怠于政事。孔子眼看自己的宏图无法实现，只好遗憾地离开鲁国。

之后，孔子便踏上了周游列国的漫漫长途。在卫国，他先受

匡人解围图

---

① 三都，指季孙氏的费邑、孟孙氏的郕邑以及叔孙氏的郈邑。

② 雉，古代计算城墙面积的单位，长三丈高一丈为一雉。

到厚待，后遭受谗言离开；在匡地，被匡人当作阳虎而围困了五天；在宋国，他在大树下习礼，结果被宋司马桓魋砍断大树，试图加害他；在郑国，孔子与弟子走失，被郑人描述为"丧家之犬"；在蒲地，他遇上蒲人叛军，幸亏有一位叫公良孺的弟子英勇善战，经过拼死搏斗，最后签订了盟约才得以离开；在陈蔡，陈蔡大夫为了阻止楚国聘用孔子，派兵包围了孔子师徒。

临河而返图

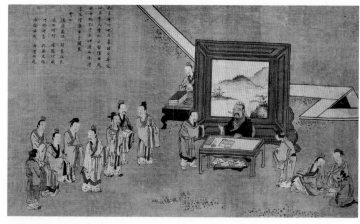

孔子退修诗书图

孔子先后周游列国十四年，访问过七十余位君王而不被任用。最后不得已，孔子在离开鲁国十四年后，又回到了鲁国。回到鲁国后，孔子知道自己的政治主张不可能实现了，便潜心教授门徒，整理古代典籍。后来这些典籍都成了儒家学派的基本教科书。

哀公十六年四月，孔子死于鲁国。鲁国国君鲁哀公写下诔文①。孔子的弟子子贡愤怒地斥责道："生不能用，死而诔之，非礼也。"（《左传·哀公十六年》）

---

① 诔文，古代表示哀悼的纪念性文字。

二 从六经到十三经

　　前文说过，最初孔子所创儒学学派的课程不是六经而是六艺，也就是礼、乐、射、御、书、数六种基本技能。后来在他周游列国、游说诸侯失败后回到鲁国，才开始大规模地整理古代典籍，才有了后来被称为"六经"的《诗》《书》《礼》《乐》《易》《春秋》。这些典籍成了后来儒家学派基本的学术典籍。

　　最早以"六经"之名称呼这六部书的见于《庄子·田子方》。后来汉朝学者刘歆在其著作《七略》中，班固在《汉书·艺文志》中，都以"六经"称之。其中的《乐经》在汉朝就佚失了，所以我们今天能看到的只有五经。到了东汉，有"七经"之说，就是六经之外再加上《论语》；还有一种说法，即去掉《乐经》，再加上《论语》和《孝经》。到了唐朝，有"十二经"之说，十二经包括三礼：《周礼》《仪礼》《礼记》；三传：《左传》《公羊传》《穀梁传》；以及《诗》《书》《易》《论语》《孝经》《尔雅》。到了宋朝，就有了"十三经"的说法，即十二经再加上《孟子》。后来，十三经的说法广为流传，是儒家学派最基本的教科书。从六经到十三经，体现了儒家学派的思想体系处在一个不断完善的过程中。

十三经刻石碑林
北京孔庙

　　以下分别简要介绍一下这些儒家的经典，其

145

中有一些在前面已经介绍过，我们就不再重复或者只简单提一下。

（一）《诗经》

《诗经》是中国古代诗歌的开端，是一部周朝以前的民歌总集，反映了周初至周晚期约五百年间的社会面貌。周朝时，官方专门设有采诗官，负责收集民间诗歌，汇总成集，供王者观察民风、调整政策之用。到了孔子时，周王室的《诗》由官方书库散落到民间，大约有三千多首。据司马迁《史记·孔子世家》中记载，是孔子把这三千多首诗删为三百零五篇。所以，后来的中国典籍往往称之为"诗三百"。经过删减的这三百零五篇，孔子分别为它们配上了音乐，使之能够弹唱，所以这些诗最初都是能歌唱的。

孔子是否删过《诗》[①]，这在中国历史上历来众说纷纭。原因是记载孔子删《诗》的典籍都是汉以后的文献，比如司马迁《史记》，《汉书·艺文志》，郑玄《六艺论》，孔安国《尚书序》等等。先秦诸子的著作中并没有孔子删诗的记录，就连记录孔子言行的《论语》也没有这种记载。《论语》中几次提到《诗》，也说"诗三百"。同时，孔子的同时代著作，比如《墨子》，已经在使用"诗三百"的说法了。因此，也许《诗》本来就只有三百首。

但不管如何，孔子整理过《诗》并把它选定为儒学教材，这是事实。《论语·子罕》中记载了孔子的话，

删述六经图

---

① 这里的《诗》就是指《诗经》。先秦称为《诗》，或取其整数称为《诗三百》。西汉时被尊为儒家经典，始称《诗经》，并沿用至今。

其大意为："我从卫国返回鲁国，修正了《诗》的音乐，使得《雅》和《颂》各得其所。"孔子对《诗经》的重视程度在《论语》中有多处体现。有一次，孔子一个人在庭院里站着，儿子孔鲤从他面前趋步而过。孔子叫住了他，问道："你学《诗》了吗？"孔鲤答道："还没有。"孔子说："不学诗，无以言。"（《论语·季氏》）也就是说，孔子告诫自己的儿子，如果不学习《诗》，就连话也不会讲。总之，《诗经》有多种作用，它可以抒发情感，促进交往，可以观察社会，疏解怨恨；还可以用来孝敬父母，侍奉君王；甚至还可以通过《诗经》了解许多鸟兽草木的知识。（《论语·阳货》）不仅仅是孔子，在当时《诗经》受到了整个社会的普遍重视，甚至被放于近乎神话的崇高地位。

《吕氏春秋》中有这样一个故事，说晋国想攻打郑国，就派叔向前往打探虚实。子产接待了叔向，为他念了《诗经》中的一首诗："子惠思我，褰裳涉洧；子不我思，岂无他士？"（大意是，你若思念我，就请提起衣裳过洧河；要是你不思念我，难道就没有别人吗？）叔向回国后就说："郑国有贤人子产在，所以郑国不可攻。郑国的周围有大国秦国和楚国，子产念的诗里，透露出别的想法。所以郑国不可攻。"于是晋国放弃了攻打郑国的想法。孔子听到了这件事，就评论说"无竞惟人"（意思是，国家间不需竞争，只看有没有贤人），子产只读了一首诗，就让郑国免除了一场战争。（《吕氏春秋·求人》）这个故事对《诗经》的作用的描述未免夸张，但在当时，《诗经》在人们心中的地位就是这么崇高。

为了研究传承《诗经》，汉朝专门设立了鲁、齐、韩三家学官。但是这三家学说汉朝以后几乎都散失了，只有韩婴留下了一部《韩诗外传》。《韩诗外传》是一部使用《诗经》中的句子来解释古代各种奇闻轶事的著作，有助于后人对《诗经》的理解，它本身并不是对《诗经》的注释和研究。但宋代洪迈《容斋随笔》对这部书的评价很低。比如这部书记载了孔子在去往楚国的途中，遇见一位佩戴玉耳环的洗衣姑娘，孔子就三次让子贡前往挑逗，用来说明《诗经》中的"汉有游女，不可求思"。这段文字对圣人的描写，对后辈儒者来说简直是大煞风景。洪迈愤怒地评价说："这段描述谬戾之极，其他部分也无足言。"（洪迈《容斋随笔·韩婴诗》）

如同章太炎先生所说，学问之事，官家不如私人。官家所立的学者的著作不能流传，而民间学者的著作反倒能流传于世，那就是汉代学者毛亨、毛苌所辑注的《诗经》，简称《毛诗》。《毛诗》的开头有一篇长达千余字的序，史称《诗大序》，是一篇研究《诗经》的重要著作。《诗大序》不但阐释了《诗经》六义——风、雅、颂、赋、比、兴，而且还提出了"以一国之事，系一人之本"的艺术主张，它是一篇具有开创意义的诗歌理论专论文章，内容非常丰富。它对诗歌的性质、内容、分类、审美特征、表现方法等都作了系统而清晰的论述。但是它存在着"拔高文义，拉低意义"的做法，后来还成了中国文论的老套路。比如，《诗经》的第一篇《关雎》，原本是一篇爱情诗篇，在《诗大序》看来，是为了歌颂"后妃之德"，为了"经夫妇，成孝敬，厚人伦，美教化，移风俗"。

总之，在历史上，对儒家经典的解读，无论是序还是传，都不同程度地存在着"过度解读"的现象。《诗大序》如此，《公羊传》《穀梁传》也如此。

关于《诗大序》的作者是谁，历来众说纷纭，从孔子到子夏，再到大毛公（毛亨）、小毛公（毛苌），各种说法都有。梁启超先生则认为是东汉学者卫宏，并举《后汉书·儒林传》"卫宏从曼卿学，因作《毛诗序》"为证。而《四库总目提要》则定为毛苌以前的经师所作。诸说并存，以供参考。

（二）《尚书》

《尚书》是中国第一部古典文集和最早的历史文献，是周朝留下来的古书，最初只叫《书》，到了汉代才有了《尚书》之名。孔安国

《尚书序》说，这是因为是上古之书，所以叫《尚书》；郑玄则认为是为了尊崇孔子，所以叫《尚书》；章太炎先生干脆认为，那是因为一个字不能成名，所以才起了两个字的名字。

在《尚书》中，包含了虞、夏、商、周四代文诰，是中国上古历史文献和部分追述古代事迹著作的汇编，是上古时期珍贵的历史资料。通过这些文诰，我们可以了解上古之人的许多信息。比如，上古的人们是敬畏天帝的，每一次战争都要以天帝的名义施行。在夏启与有扈氏大战于甘之野的《甘誓》中，夏启就宣称，有扈氏有侮辱先帝之罪，天要灭绝他的性命，我只能恭敬地代替天行使这个惩罚。这就是后世农民起义的杏黄旗上"替天行道"四个字的历史来源。在汤王伐桀的《汤誓》里，也有"夏王桀有罪，我敬畏上帝，不敢不对他正法"的说法。武王伐纣，誓师于牧野，《牧誓》中也说"今天我要行天之罚"。到了周公的时候，对天帝的信仰就有些动摇了。在《尚书·金縢》里，武王生病，周公为他祈祷上天，就开始和上天讲条件，甚至还威胁上天说如果不满足他的愿望，他就要把祭品全都撤走。另外，还有很多重要的历史事件，如尧舜禅让、武王伐纣、周公摄政等等，都因《尚书》而得以保存。《尚书》中，甚至还有一篇告诫各级官员不要沉湎于饮酒、酒是用来祭祀的《酒诰》。

关于孔子与《尚书》的关系，是一个文化之谜。司马迁在《史记·孔子世家》中认为，孔子编纂了上至唐、虞，下至秦穆公的各代文诰，并为它写了序。《汉书·艺文志》也延续了这个说法。但是到了宋朝，却引起了争论。理由很简单，就是除了汉朝伏生所传的二十八篇以外，后来发现的二十五篇，在文字风格上与前一部分完全不同，完全不像远古三代的文诰。其实，争论的根本起源，是因为秦始皇焚书，原有的《尚书》几乎全部被烧毁。汉代重新重视儒学，由秦博士伏生口授、用汉代隶书写了《尚书》，共二十八篇，人们把它称作今文《尚书》。但两汉时期，在鲁恭王拆除孔子旧宅时，又发现了另一部《尚书》，是用先秦六国时的字体书写的，人们称之为古文

《尚书》。因此引起了汉博士们的古文和今文之争，进而延续到《尚书》真伪之争以及《尚书·序》真伪之争。

《尚书》的今文古文问题、真伪问题，孔子和《尚书》的关系问题，《尚书序》的真伪问题，都是复杂的学术问题，连梁启超先生都说，《尚书》是一部"最罗唆问题最多的书""说起来便令人头眩""麻烦极了"。（梁启超《中国近三百年学术史》）

但是有关《尚书》，有几点是肯定的，那就是：第一，《尚书》中伏生所传的二十八篇是无论今文家还是古文家都承认的古代经典；第二，孔子对《尚书》十分重视，他编纂和整理过这部书；第三，后代儒者也非常重视《尚书》，它是儒学最重要的经典教材之一；第四，古人即使作伪，也往往有来历，并非凭空臆造，因此自有其学术价值。至于《尚书》其中一部分的真伪问题，应当根据现代考古学的事实原则进行考证，不能轻易定论。

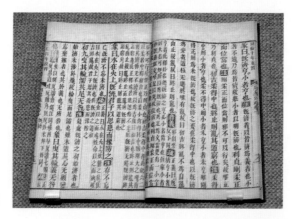

《周易》

（三）《周易》

《周易》是远古流传下来的一种卜筮之书。上面说过，殷周人是敬畏天神的，凡遇国家大事，一定会卜问天神，以定凶吉。占卜的方法大致有两种，一种叫卜，一种叫筮。卜，是在龟壳上面用简单的文字刻上要卜问的事项，然后在上面钻眼，再用火烧，然后观察所产生的裂纹的走向，以定凶吉；筮，是用蓍草或者竹棍进行演算，根据算出来的卦名，再对照相应的爻辞，以定凶吉。所以，卜的方式，其根据是外形和形状，是"象"；而筮的方法判别的根据是"数"。所以，《左传》中说："龟，象也。筮，数也。"意思是说，龟卜靠形象说话，筮卜靠数字说话。数字相比较图像，就已经抽象了很多。

从殷墟出土的文物看，殷商时主要的占卜方式还是卜，但那时已经有了八卦方法，只是因为卜的方式比较庄重，加上传统习惯的原因，还不够流行。等到后来，卜、筮开始并用，但还是以卜为主。相比较龟卜而言，筮卜就比较简易，也比较节省。因为龟甲在钻过几次眼之后，就成为废甲，不能再用了。在当时，龟甲如同贝壳一样，是很珍贵的东西，要靠地方献贡才行。而筮卜就可以说是数字化占卜，根本不需要龟壳，只需要几根草棍或竹棍就行，而且，这些草棍和竹棍还可以重复使用。所以汉学者郑玄说，易有三个特点，即易简、变易、不易。不对照先前的龟卜，对易卜的这三个特点就很难理解。所以到了周朝，就开始龟卜并用，一般是先筮后卜。有时，当筮卜出了凶的结果后，龟卜就不再进行了。（《周礼·筮人》及郑注）

但是，遇到特别重大的事项，还是使用庄重的龟卜的形式。《礼记·表记》中说："天子无筮"，就是说，天子至尊，是不用筮卜这样简单易行的方式的。易卜这种简便经济的方式，一开始是在底层的民间或者不太重大的场合流行的。

《庄子·天下》说："《易》以道阴阳。"就是说，《易》是用阴和阳两种符号来进行占卜的。在易书里，一般是用一横道表示阳，用一根中间断开的横道表示阴。在早期出土文物的图像上，这根断开的横道一般表示为八字或者人字。这大概是因为在实际占卜操作中，断开卜筹不太方便，而把蓍草轻轻地折弯一下就可以了。每一横道称为一爻，三个爻就组成一个卦象，一共八个卦象，也就是所谓八卦。

八卦，据说是伏羲发明的，这在《周易·系辞》和汉代许慎《说文解字·叙》里都有记载。但伏羲只是一个传说人物，没有文献支持，所以只能简单提一下。但八卦符号是汉文字产生的源头倒是真实的。这一点可以从八卦的坎卦符号和篆书的水字相比较即可明显看出。八个八卦符号两两重叠，就产生了八八六十四

八卦石刻

卦，叫作"重卦"。重卦据说是神农氏所作，因为《周易·系辞》中说，神农所做的耒耜，是参考了《益》卦所做的；他发明的市场交易，是参考了《噬嗑》卦做的。而这两卦，都是重卦，说明神农氏时就有了。而东晋学者孙盛，则根据郑玄所说"夏曰连山"一语，断定殷夏时已经有了"山上有山"的艮卦，艮卦也是重卦，所以说夏禹时就有了重卦。章太炎先生认为孙盛的话可信。

有了八卦、重卦，还必须有卦辞和爻辞，才可以知道卦象的含义。卦辞和爻辞通常认为是周文王所作。《周易·系辞》中说，《易》流行开来时，正是文王被纣王囚禁之时，所以，卦辞中充满了忧患之辞。反过来，也可以说，只有充满忧患的人，才需要占卜。所以，司马迁根据这个说法，在《报任安书》中说："西伯拘而演《周易》。"西伯，就是周文王。后来，《周易》[①] 除了卦辞和爻辞之外，又发展出《彖》上下、《象》上下、《文言》、《系辞》上下、《说卦》、《序卦》和《杂卦》，用来解释卦辞和爻辞，这十篇文章，叫作《十翼》。《十翼》，据说是孔子所作。

总而言之，在《周易》庞大的理论体系构造过程中，充满了伟大的圣人的名字。从伏羲，到神农，到夏禹，到文王和孔子的一个漫长的时间内，这些圣人们共同创造了这一部神秘的经典。但由于缺乏确凿的文献和考古证据，所以也一直是众说纷纭。

八卦和重卦虽是一样的，但解释起来，各地却有不同。所以，司马迁在《史记·太史公自序》中说："三王不同龟，四夷各异卜，然

---

① 《周易》又称《易经》，分为经部和传部，经部的原名就为《周易》，是对四百五十卦易典型象义的揭示和相应吉凶的判断。战国时，以解释《周易》为宗旨的《易传》成书。《周易》和《易传》并称为《易》。西汉汉武帝为了加强中央集权制，采纳了董仲舒"独尊儒术"的建议，效仿先秦与汉景帝把道家黄帝与老子的著作称"经"的做法，也把孔子儒家的著作称为"经"。《周易》和《易传》被称为《易经》，或直接称为《易》，自此以后《周易》《易经》《易》混合使用，有称《周易》，有称《易经》，有称《易》，其实含义一致，均指六十四卦即《易传》，一直沿用到今天，仍然没有严格区分。

各以决凶吉"，是说三代帝王和各个地方的占卜方式是不一样的。所以，《易》占的书籍，自古以来一直有三部经典：《连山》《归藏》和《周易》。最后成为儒家经典教材的是《周易》，另外两部易书，后来都失传了。《周易》为什么会在三部易书中单独流传后世，成为儒家经典？这和孔子晚年喜爱《周易》并对它大加赞颂有关。圣人一垂顾，《周易》便得以流传青史。

孔子晚年喜欢读《周易》，在许多古代典籍中都有记载。司马迁《史记·孔子世家》中说，孔子晚年喜欢读《周易》，至于韦编三绝。就是说，读的次数太多，把捆系竹简的皮绳都磨断了三次。可见孔子对《周易》的喜爱程度。《论语》中也有相应记载，说孔子说，如果自己能再多活几年，对《周易》再多加学习，就不会有大的过错了（《论语·述而》）。

怎么断定孔子所喜爱的《易》就是《周易》，而不是《连山》或《归藏》呢？《左传·昭公二年》载，韩宣子访问鲁国，到太史那里去看书，见到了《易》《象》《鲁春秋》等著作，于是对周公之德大加赞赏。这说明鲁国太史那里所藏《易》书是《周易》。还有一个理由，在上面已经说过，就是夏文化简朴，殷文化尚文，而周文化文采灿烂。孔子赞赏的，就是这种文采灿烂。这一点，也从新出土的马王堆帛书中得到了证实。马王堆帛书《要》中说，子贡看到孔子那么喜爱《周易》，就问："夫子也相信卜筮吗？"孔子回答说："我喜爱的不是卜筮的作用，而是它的文辞。它的文辞中有古人留下来的言论。后世的人，也许会怀疑我喜欢卜筮。但我喜欢的是这些文辞的含义，我和那些卜筮的官员是同途殊归。"接着，孔子又表明了他对卜筮的态度。他说："君子是用德行来求福，所以祭祀的次数很少；是用仁义来求吉祥，所以卜筮的次数也很少。和德行仁义相比，卜筮的事情是次要的吧。"孔子并没有完全否定卜筮，但完全不上心，是符合他"敬鬼神而远之"的一贯态度的，也是符合他仁义学说的理念的。看来，马王堆新出土的帛书帮助我们搞清楚了很多问题。

总之，孔子是对的。两千多年过去，我们可以更加清楚，《周易》中最有价值的部分，不是那些卜筮的方法，而是那些透露出古代哲理的文辞。那些具体的卜筮方法已经随着时代而远去，留下来的，是古人看待世界的方法和言论。在这一点上，我们和孔子一样，是和周朝的那些卜筮史官们同途殊归的。在当时，正是孔子对《周易》的这种深刻的理解和大加赞赏，才大大提高了《周易》这本书的价值，使得《周易》得以流行，并成为儒家的重要典籍。

现在我们打开《周易》翻看，里面的内容真的是文采灿烂，其中的"一阴一阳谓之道""《易》有太极，是生两仪，两仪生四象，四象生八卦""《易》穷则变，变则通，通则久"（见《周易·系辞上下》）等说法，充满了智慧的光辉，是中国古代哲学的源头，对后世影响极大。而其中"天地变化，圣人效之。天垂象，见凶吉，圣人象之"（《周易·系辞上》）的说法，则是后来影响甚广的儒家"天人感应"学说的源头。汉朝的大儒董仲舒就持这种学说。这种学说的影响力遍及整个封建王权社会，成为文化约束王权的一个理论武器。根据这种理论，每当出现灾难，君王都要检讨自己的言行，调整治国政策。

（四）《春秋》三传

孔子晚年回到鲁国后，感到自己的主张无法在现实社会中得到施行，失望之余，就想到自己应该留些什么给后世。于是，他便根据鲁国史书，参考周王室的历史和殷代古史，写了一部《春秋》。据司马迁《史记·孔子世家》记载，孔子在平时办公断案时，往往使用大家普遍使用的文辞，并不使用自己独有的辞汇。但他在写作《春秋》时，用词造句删节，连高足弟子子夏都插不上话。《春秋》写成之后，孔子把它传授给弟子们，然后叹道："后世的人会因为这部《春秋》而知道我的名字，也会因为这部《春秋》而指责归罪于我。"（《史记·孔子世家》）可见这部著作在孔子心目中的分量。

孔子为什么要写这部《春秋》？孟子曾经回答了这个问题。他说，孔子生活的时代是一个暴力横行的时代。这时候，天子圣王的作用越来越微弱，各国诸侯放恣横行，儒生游士们肆口议论朝政。世道衰落，歪理邪说和暴力盛行，臣子杀掉君王、儿子杀掉父亲的现象，可谓比比皆是。看到这些，孔子内心充满了忧虑和恐惧，于是便写作了《春秋》。由此可以看出，孔子原本想在世上推行自己仁义的主张，以消除暴力，恢复秩序。但由于世道衰

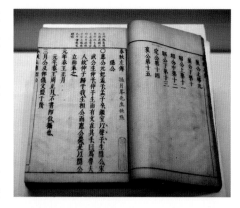

《春秋左传》

微，他的主张得不到推行，他只得退而求其次，用一部著作来宣传自己的主张，为社会确定一个价值标准，为后世遵循。为后世确定价值标准这种事，原本就是天子应该做的事，根本就不是他应该做的，所以孔子在做这件事时，内心充满了惶恐，他认为后世的人会因为这件事而责骂他。但是这件事又不能不做，所以孔子的心里充满了矛盾。最后，他还是鼓足勇气做了这件事，为世人留下了这部不朽的著作。

《春秋》不是一般的史书，它的原意是通过对历史事实的褒贬，给世人确立一个对与错的价值标准，其字里行间强烈的褒讳贬损就成了这部书的显著特色，也就是后人所说的"春秋笔法"。

据《史记·十二诸侯年表》记载，由于《春秋》语含讥刺褒贬，忌讳之言不便于书写，所以在书成之后孔子传授给弟子时，不是以书的形式，而是以口授的方式传授的。《春秋》书成之后一年左右，孔子就去世了。因为仅是短短一年的时间，又是口授，孔子的弟子们不可能很快地掌握《春秋》，所以他们很少谈及《春秋》。最后，为《春秋》作传并流传于世的是这三家：《左传》《公羊传》及《穀梁传》，统称为《春秋》三传。

《左传》的作者是鲁国史官左丘明。他曾经和孔子一起西行，去参观周王室的藏书。他看到《春秋》书成之后，孔子很快去世，孔子的弟子们又没有很好地掌握《春秋》，唯恐这些弟子以后会各抒己见，失去了《春秋》的原意，于是便写作了解读《春秋》的《左

传》。（《史记·十二诸侯年表》）由于《左传》是为了给《春秋》作传，所以也叫《春秋左氏传》。

但是，梁启超先生对此持有异议。他认为，《左传》根本不是为了给《春秋》作传，而是另一部史书。从这个角度讲，梁启超先生认为《左传》不应该称为《春秋左氏传》，而应该叫作《左氏春秋》。（《梁启超国学讲录二种》）之所以认为《左传》不是给《春秋》作传，一个重要的理由是因为《左传》传文比《春秋》经文多出十三年，如果从提到的最晚的纪事（三家灭晋）算起，则多出了二十六年。显然，如果传文比经文多，那它是为谁作传？但不管如何，《左传》是真实的信史，这一点是毫无疑义的。原因就在于那些翔实的史料以及其独特的细节是无法编造的。

《左传》是用古文写成的，也代表了古文学派的许多传统观点。比如，关于鬼神的观点，在《左传·庄公三十二年》里，就用朴实的语言从历史的角度记载了两种看待鬼神的观点。书中记载这一年，传说有神降临，惠王就询问内史过（人名），内史过说："国家即将兴盛，会有神降临来观察其德行；国家即将败亡，也会有神降临来观察其恶行。所以，神的降临可能会兴国，也可能会亡国。"听说有神降临，虢国公就让人供奉祈祷，求神能够赐予他土地。但是史嚣却说："这下虢国要灭亡了。我听说，国之将兴，听于民；国之将亡，听于神。虢国德行凉薄，怎么能得到土地呢？"这种不否认有鬼神，但认为德行和仁义要重于祈祷鬼神的观点，也是儒家学派的传统观点。

《左传》还反对有天人感应，这一点和今文学派的《公羊传》观点不同。《左传·僖公十六年》记载，有一年，宋国落下了五颗陨石，还有六只鹢鸟倒着飞过宋国的国都。宋襄公就询问周内史叔兴正："这是什么兆头？是福还是祸？"叔兴正作了简要回答后退下来才跟别人说宋襄公的问题是不对的，因为他认为这些事都是自然现象，福和祸都是人造成的，和这些现象有什么关系呢？

《左传》还进一步阐释了儒家学派的忠君思想。比如，《左传·襄公二十五年》记载，齐庄公被崔杼杀掉，而大臣晏子却既不殉死，也不逃亡。他说，如果君王是为社稷而死，则臣下也应该去死；如果君王为社稷而亡，则臣下也应该亡。由此可看出，儒家学派的忠君思想，是建立在君王以社稷为主、社稷以民为本的观念之上的，这也是典型的儒家学派的观点。所以，儒家学派的忠君，不是盲目的，而是有自己的道义及独立人格的。

《左传》传世百年后，又有齐人公羊高为《春秋》作传，这就是《公羊传》。《公羊传》是用今文写成的，是今文学家的宝典。《公羊传》的特点有如下几点：

第一，大一统的政治观点。在《公羊传》开始的第一篇，就是对《春秋》鲁隐公元年的第一句经文"元年，春王正月"的解释。对这六个字，《公羊传》解释为：从此之后，普天下的臣民，都要尊奉周文王的正统，也就是"大一统"。这也是"大一统"这三个字首次出现在古代典籍中。公羊学的大一统观念，是尊崇天子、贬抑诸侯的意思，是普天下要奉周天子为正统的意思，也是靠周天子的权威来约束诸侯，使之不能僭越滥权、肆意妄为的意思，也是儒家学说"君君，臣臣"的等级制度的表现。这里的大一统，是靠尊卑制度来维持的，而不是像秦朝那样是靠武力征服和极权统治来完成的大一统。这也是儒家学说最基本的政治理念。

第二，就是天人感应学说。上面曾经介绍过，在《公羊传》的末尾，哀公十四年，有一个西狩获麟的故事。孔子看到仁兽麒麟无端来到人间，又被打死，于是落泪叹道："吾道穷矣。"因为麒麟这种仁兽是天下出现王者时才会来到人间。这是天人学说的萌芽。这种

西狩获麟图

学说后来被汉儒发扬光大，成为谶纬学说，用来限制帝王的权力。所谓谶纬，就是说上天是有意志的，它的意志会通过各种征兆降临到人间，君王看到这些征兆就要约束自己的行为，检讨自己的德行，调整治国的政策。到了汉朝，君王的权力已经相当大了，儒学以天道来限制君权，告诫帝王要循天道而行，不可恣意妄为，也是无奈之举。但是，后来的谶纬之说发展到光怪陆离、近乎无稽之谈，也是儒者们始料未及的。这也是儒学尽人事、薄思辨、缺乏深厚的哲学基础以及拿不出更为坚实的周全完备学说的尴尬处境的表现。

《穀梁传》的作者是鲁国学者穀梁赤，是子夏的学生。《穀梁传》一开始只是口口相传的私学，后来才被著录成文。《穀梁传》与《公羊传》体裁近似，注重阐释《春秋》的经义，但比《公羊传》持论要平正。章太炎先生说，《穀梁传》下笔谨慎，对于事实不甚明了之处，往往使用疑问之辞，不敢武断。（章太炎《国学讲演录》）这与《公羊传》大胆阐述的文风迥然有别。所以，《公羊传》中有擅自改动经文的地方，而《穀梁传》就没有。

《春秋》三传相比较，《左传》史实丰富，文字华美；《公羊传》议论大胆，影响深远；《穀梁传》行笔谨慎，阐述规矩。所以东晋学者范宁评价三传说："左氏艳而富，其失也巫；穀梁清而婉，其失也短；公羊辩而裁，其失也俗。""其失也巫"，是说《左传》中多有卜筮神鬼之事。"其失也短"，是说《穀梁传》的解释过于简短谨慎。"辩而裁"，是说《公羊传》为文雄辩，敢于裁断，但有些地方就不免低俗。但是，尊天子、抑诸侯、内诸夏、外夷狄的儒家主张，三传是一致的。这个主张，也就是"大一统"的主张，也是儒家认为可以限制诸侯权力、削平战乱、恢复秩序的主张。

（五）三礼

儒家经典中的三礼，是指《仪礼》《周礼》和《礼记》。最初是没有"三礼"的说法的，到了汉朝才有。这三种书其实也不是一类书。汉朝有一本书叫《礼古经》，也叫《士礼》，到了东汉才改名叫《仪礼》，所以它是经；而《礼记》则是解释《仪礼》的，它顶多是传；而《周礼》就和礼更没有关系了，它的原名叫《周官》，是周代的官制，而不是礼制。

1.《仪礼》

《仪礼》一共有十七篇，主要讲述礼服穿戴、婚丧嫁娶、相见朝拜、饮酒宴会等场合的各种礼节。其中，最主要的是冠、婚、丧、祭、乡、射、朝、聘这八种礼仪。周代的这些礼节非常繁复。比如饮酒，你可能半天也喝不上酒，因为从一开始，主人

《仪礼》

先在大门外迎宾，宾客到达后，宾主要经过三次作揖行礼才来到台阶前，然后再经过三次谦让，才升堂落座。连解释这些礼节的《礼记》也说其"辞让之节繁"。（《礼记·乡饮酒义》）正因为这些礼仪繁复难记，孔子和他的弟子们才需要时时演习。《论语》第一篇"学而时习之"的习，就是这个意思。尽管周代的礼仪繁琐复杂，但它至今对我们还有深刻的影响。比如在华人的饮酒宴会上，经常可以看到大家长时间互相推让的场景，等尊者坐在主位后，大家才相继坐下。这就是周朝《仪礼》的影响。再比如，宴会的主人叫"作东"，就是因为《仪礼》中有"主人必居东方"的规定。（《礼记·乡饮酒义》）所以，晏子在批评儒家的礼乐礼仪时说，这些礼仪太复杂了，他当年学不会，恐怕几辈子也学不会。

2.《周礼》

《周礼》传说是周公所作，但汉朝以后才有这个名字。在《汉书·艺文志》上只列有《周官经》和《周官传》。司马迁在《史

159

宋代《周礼》

记·鲁周公世家》中说，周成王在丰①登基后，天下安定。但当时周朝的官职却缺乏次序，于是周公便作了《周官》。周公在《周官》中对每一位官员职位的名称、职责甚至人数，都作了严格的规定，同时把各个官职安排在合适的位置，并立为行政条例。

《隋书·经籍志》上说，汉朝有一个姓李的人得到了一本《周官》，他把这本书献给了当时的河间献王。由于这本书里缺少《冬官》这一篇，河间献王就悬赏千金求购，仍然不得。于是便采用《考工记》里的内容补上，凑够六篇上奏皇上。从此，《周官》才进入皇家秘府，被校理秘书的刘歆发现，并设立了专门研究《周官》的博士。至于《周官》什么时候改名叫《周礼》，东汉学者荀悦说，是刘歆将《周官经》六篇改名为《周礼》并当作礼经上奏皇帝的。（荀悦《汉纪·成帝》）刘歆因此得到了古文学派学者的赞扬。

章太炎认为刘歆整理古籍功不可没，如果没有《周礼》，古代的官制是说不清楚的。（章太炎《国学讲演录》）而今文学派的学者康有为则指斥，刘歆为了依附王莽而作伪书，《周官》则是伪书之首。这种说法受到了很多学者的反驳。清代学者孙诒让将《周官》与先秦诸书仔细对比后说，书中有关制度的说法与先秦诸书高度契合，其为先秦古经，毫无疑义。（孙诒让《周礼正义》）

但是，正如章太炎所说，《周礼》显然并非周公一时一地所作，而是一直到周穆王的历代年间都有增删修改。到了战国时期，社会生产力更加发达，国土和人口也大大增加，"周礼"的制度已经完全不合现实，就慢慢不流传了。《周礼》所设六官（天官、地官、春官、夏官、秋官、冬官）之制，也已经有一些与现实不合，无法实行了。比如春官宗伯主持祭祀，在当时，祭祀是国家大典，"春官"这个职

---

① 丰，地名，在今西安市西南。

位是个重要的职位，但到后来，祭祀的重要性逐渐下降，"春官"就不是重要官职了。

3.《礼记》

《礼记》在汉刘歆《七略》和《汉书·艺文志》中都有著录，一共是一百三十一篇，著录在礼家目录之下。它是一部内容庞杂的大丛书，包括古代的各种礼仪制度、法令政令、礼经解释、孔子言论和孔门轶事、历史掌故和杂记格言等。班固《汉书·艺文志》说它是"七十子后学者所记"，是孔子的弟子和后来的学者们所作。后来，经西汉学者戴德删减为八十五篇，叫《大戴礼记》。再后来，又经戴德的侄子戴圣删减至四十六篇，即《小戴礼记》。

如此庞杂的一部丛书，绝非出自一人之手，也绝非是一时的著作。《礼记》中最古老的篇章是《大戴礼记》中的《夏小正》。有人说这是夏代流传下来的遗文。《夏小正》采用夏代历法，按十二个月份排列，记录了每个月的物候、气象、天文等，还记载了当月应该从事的各种事项，如渔猎、农耕、蚕桑、制衣、养马等等。

《礼记》中最晚的篇章是《大戴礼记》中的《礼察》《公冠》《保傅》诸篇。《大戴·保傅》中，有"秦为天子，二世而亡"这样的话。《大戴·礼察》中也有类似这样的话。总之，《礼记》是从战国到秦汉一系列儒家学者的作品，其中有被认为是曾子的作品，也有子思和公孙尼子的，甚至还有被认为是荀子的作品（如《劝学》）。

《礼记》的作者和年代大致如此。虽然还有很多不清楚的地方，但基本没有所谓作伪的问题。《礼记》为后人研究战国秦汉时期的儒家学说，特别是儒家关于礼仪礼制的学说，提供了丰富的资料。

首先，在《礼记》里，孔子全面阐述了他关于礼的观念。比如，他论述了礼的重要性，认为在民众的生活中，礼是最大的一件事。它能够侍奉天地神明，能够明确君臣上下和长幼顺序；能明确男女、父子、兄弟和婚姻；还教会了百姓如何做事；应按时祭祀祖先等等。（《大戴·哀公问于孔子》）《礼记》中还讲到礼有三个本源，即天

地、祖先和君师。天地是人性的本源，祖先是人类的本源，君师是政治的本源。（《大戴·礼三本》）

第二，《礼记》留下了许多古代礼节的具体细节，可供后世学者参考研究。但是也有一些部分属于古代的繁文缛节，比如，《大戴·朝事》里，对公侯伯子男的各种礼节都作了严格规定，比如手执什么，头戴什么，身穿什么，乘什么车，随从几个等等，甚至宾主之间距离多远，都有规定。这种繁文缛节，既是儒学的长处，也是它的短处，是被其他学说所诟病的地方。

第三，《礼记》还记载了孔子和君王、弟子等讨论礼仪的情景，留下了孔子的很多佚事和格言，都很有启发和教育意义。比如，宰我和孔子关于五帝德的讨论，子张和孔子就如何在官场安身取誉的讨论，都很有启发意义和参考价值。但是，也有一些观点已经明显地被时代所淘汰，比如，"妇人，伏于人也""有三从之道：在家从父，适人从夫，夫死从子"等等。

（六）四书

所谓四书，就是儒家经典中的《论语》《孟子》《大学》《中庸》。

最初是没有"四书"这个名字的。这种说法是从南宋才有。《四库全书总目提要》中说"其编为四书，自宋淳熙始"。淳熙，是宋朝的年号，宋朝学者朱熹就在那一年编纂了《四书》。而这四部书，其实作者、年代和篇幅都很不相同。其中，《论语》是记载孔子和弟子们言行的书，据说是孔子的弟子多人编纂而成。《孟子》据说是孟子在弟子们的帮助下写成的。而《大学》和《中庸》，原本不是两本独立的书，它们只是《礼记》中的两篇，因为司马迁说过《中庸》是子思所著，才引起了后人的重视。宋朝学者郑景望曾说，讲述尧舜禹周公孔子之道的书，说得最详尽的要数《礼记》；而《礼记》中，最得孔子真谛的要数《大学》和《中庸》两篇。（郑景望《蒙斋笔谈》）

虽然早在《汉书·艺文志》里，就有了《中庸说》的著录，但是直到朱熹，才为《大学》写了"章句"，为《论语》和《孟子》写了"集注"，并把这四部书合并为一部，称之为《四书集注》。朱熹的《四书集注》成为儒学的权威教科书。此后，《四书》的重要性日益彰显。明清两代以八股取士，试题均出自《四书集注》，于是在儒士们的心目中，《四书》的地位逐渐超越了六经。

1.《论语》

《论语》由孔子的弟子及再传弟子编写而成，至汉代成书，是儒家学派的经典著作之一。《汉书·艺文志》中是这样说《论语》的：《论语》是孔子回答弟子们的问题或者与弟子们交谈时的话，当时弟子们各有记录。

《论语·卫灵公》中记载，子张曾经向孔子请教"行"。孔子说："言语要忠信，行为要恭敬。这样，就是在蛮夷之邦也行得通。如果言行不忠信，行为不恭敬，就是在自己的家乡也行不通。"子张出来后，就把这些话写在自己的衣服上。可见，在当时，孔子的弟子对孔子的言论是做笔记的。孔子去世后，弟子们把这些记录编纂起来，取名为《论语》。

《论语》一书，除了最后几篇《季氏》《阳货》《微子》《子张》《尧曰》有可能是后人窜入以外，其余部分大体可信，是孔门相传的宝典，也是表现孔子伟大人格和崇高品德的一部书。由于这部书是孔门弟子记录孔子日常言行的书，而非专门的学说理论著作，所以，书中孔子谈论个人修养和行为准则的部分就比较多。读完这部书，孔子的人格形象就会呼之欲出，跃然纸上。所以梁启超先生说，《论语》的最大价值是教人以人格修养，而人格修养，绝不是靠背诵章句或者考证文章就可以修成的，必须要身体力行，才能将古人的教诲变成自己的所得。（《梁启超国学讲录二种》）章太炎先生将孔门学问概括为四个字："修身治人"。孔子在谈到仁学学说时，也屡言"克己复礼"。孔子所说的"克己"，就是章太炎先生所说的"修身"。

在《论语》中，我们可以看到孔子对各种行为语言的评论、对各种事情的处理方法以及孔子对政治观念、教育原则以及中庸、礼仪学说的精妙阐述。

孟子画像

2.《孟子》

《孟子》是战国时期孟子的言论汇编。

孟子名轲，是继孔子之后儒学的又一位大师，他的经历和孔子有些相似。早年学问通达之后，孟子曾经游说齐宣王，但宣王没有任用他。他又到梁国见梁惠王，梁惠王认为他的学说不切实际，也不合时宜。因为当时诸侯混战，各国需要的是富国强兵之策，而非仁义理智信之说。秦国用的是法家商鞅，楚、魏用的是兵家吴起，齐国用的是兵家孙子、田忌等。各国之间忙于合纵连横，以能够攻伐者为贤人，而孟子这种讲述尧、舜、禹三代德行的理论显然和时代不合。于是他只好回到家中，和自己的弟子们一起整理儒家典籍，总结孔子学说，写下了《孟子》七篇。司马迁《史记·孟荀列传》在叙述这段过程时，特意提到了孟子的弟子万章，极有可能万章就是帮助孟子完成此书写作的人。

《孟子》一书有如下特色：

第一，《孟子》倡导性善说。在《孟子·告子章句上》中，孟子和告子有过一番关于人性善恶的辩论。告子认为，人性无所谓善恶，就像流水，你把它引向东，它就往东流；你把它引向西，他就往西流。孟子反驳说："流水不分东西，难道就没有往上流和往下流的区别吗？人性之善，就像水具有往下流的内在特点一样。如果你拍水使它溅起来，它可以往上流，甚至你也可以引水上山。难道这是水的本性吗？这只不过是外力使它这样罢了。人性也是如此。"

第二，《孟子》倡导仁义说，反对功利主义。《孟子》一开篇就写孟子去见梁惠王。梁惠王很不尊敬地说："喂，你这么远跑过来，有什么对我的国家有利的东西吗？"孟子说："大王何必要谈利呢？

只谈仁义就够了。如果一个国家，国王问怎么对我的国家有利呢？大夫问怎么对我的家有利呢？士人和庶人问怎么对我自己有利呢？如果上下都求利，那这个国家就危险了。因为把利放在前面，把仁义放在后面，没有得到利就永远不会满足。但是，有仁义的人不会忘掉自己的亲人，也不会把他的君王放到后面。大王只要讲求仁义就够了，何必要谈利呢？"在诸侯相争的战国，孟子的仁义说显然要比那些攻伐理论要超越得多，也难能可贵得多。可惜那些急功近利、满脑子征伐的诸侯是听不懂的，这也是孔子、孟子这些人命中注定的悲哀吧。

　　第三，《孟子》倡导养气说。在《孟子·公孙丑上》中，公孙丑问孟子："请问夫子，您的长处是什么？"孟子回答说："我能够理解语言，善于养我的浩然之气。"公孙丑问："什么是浩然之气呢？"孟子说："这很难说。这是一种至大至刚之气，你要一直养护，就可以强大到可以充盈天地之

《孟子》

间。这种气是和义与道连接在一起的，是从道义中产生的，而不是靠道义取得的。如果行为有愧于心，就会泄气。所以我对告子说，他根本不知道什么叫道义，因为他把道义看作是一种外在的东西。其实道义是一种在内心成长的东西。"孟子又说："养心没有比寡欲更好的事了。那种高堂大屋，我就是得了志也不会要；那种珍馐满席，侍妾百人，我即使得志也不会要；那种奏乐饮酒、驰骋打猎、随车千乘的生活，我就是得志也不会要。他拥有的都是我不想要的，我拥有的都符合古代的礼制，我为什么要怕他呢？"

　　这种清心寡欲、看重道义、善养浩然之气的养气说，发展了孔子"克己修身"的理论，成为后代儒家学说的心学和理学的理论资源。儒家学说中，这种对自身修养的重视，即使在今天仍有可借鉴的意

义。当然，孟子在这里说的是自己内心的修养，而不是以道义的名义去指责别人。二者的微妙差别，只有有心人才能辨识。

第四，《孟子》倡导民本学说。孟子说，民众最尊贵，其次是社稷之神，最后才是君王。得到民众的人才能做天子，得到天子的人才能做诸侯，得到诸侯的人才能做大夫。（《孟子·尽心章句下》）孟子的这种民本理论，是典型的儒家学说，也是世界上最早的国家学说之一，明确回答了国家从何而来、为何而建的问题。

第五，孟子喜欢和异端邪说进行辩驳。他说自己并非好辩，只是遵守道义，不得已而为。因此，在《孟子》中，还保存了许多其他学派的学说，比如杨朱、许行、宋钘、告子、淳于髡等等，其中有一些学说是别的古籍中所没有的，是研究古代学说的珍贵资料。

3. 《大学》和《中庸》

《大学》和《中庸》原本是《小戴礼记》中的两篇，自从宋朝程颐特别提倡《大学》《中庸》里的思想主张、朱熹将其收入《四书》之后，其重要性逐渐被发现，地位也逐渐升高，大有凌驾于群经之上的趋势。

章太炎先生评价《大学》说，所谓大学，就是平天下之原则。从仁义起，到平天下为止，儒家的一切学问尽包括在其中。治国学者，应该知道入学的总汇就在这里。（《章太炎学术史论集》）

王国维先生评价《中庸》一书时说，《中庸》一书，《史记》中明言为子思所作，所以到了宋代，此书就成为儒学哲学的根底。周敦颐论述太极学说，张载论述太虚学说，程颐、朱熹的理学都把它视作宇宙人生的根本，与《中庸》中的学说没有异议。所以，儒者们都特别尊崇此书，把它和《论语》《孟子》并列。

《大学》和《中庸》的篇幅都很短，但历代以来，解释和研究这两篇著作的传疏以及互相辩难的著作却汗牛充栋。比如，单单一个"格物致知"就有多种解释。这是因为这两篇著作是儒学的入门书，所以儒生们不得不费力要把它搞清楚。《大学》中的"止于至善""知止而后有定""虑而后能得""格物，致知，诚意，正心，修身，齐家，治国，平天下"，都是千古名句，也是儒者的道德修养以及待人做事的根本。《中庸》中的"喜怒哀乐之未发，谓之中；发而皆中节，谓之和""执其两端，用其中于民""博学之，审问之，慎思之，明辨之，笃行之"，都是中国古代思想方法和治学方法的精华，值得反复吟诵和品味。

（七）《孝经》和《尔雅》

《孝经》传说是孔子所作，但到了宋朝，开始有人怀疑并非孔子所作。因为《孝经》开篇说："仲尼居，曾子侍"，就是说，孔子坐在那里，曾子在一旁侍奉。这种口气不像是孔子自己的口气。梁启超先生认为，《孝经》应为战国末或汉初时的著作。

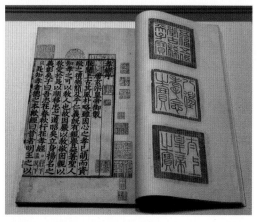

元代书籍
《孝经》

《孝经》共分十四章，每一章的内容都很短，记载了孔子和曾子讨论孝道的情景。汉朝人很重视《孝经》，甚至把它放在六经总论的极高位置。到了宋朝，被列为十三经之一。

关于《孝经》，我们能看到两种截然相反的意见，一种认为它文义肤浅不足道，另一种则认为它极为重要，不可不重视。在《孝经》第一篇中，孔子说，孝是全部道德的根本，是教化的根源。尊尊，亲亲，是周公的治国理念，也是整个儒家学说的简要概括，《孝经》将这二者的关系进一步明确，亲亲的孝道成了整个儒家学说的基础。在《论语》中，孔子的弟子有子也说过类似的话，即"讲求孝悌的人，很少有犯上作乱的。孝悌真是仁学的本源啊"。（《论语·学而》）

孝悌学说也是儒学和其他学说特别是墨学的分水岭。墨子讲兼爱。兼爱并非不好，但由于缺乏基础，容易流为空谈，不如儒学"从爱自己的亲人出发，进而达到爱周围的人，达到以仁爱对待民众"的理论更为平实可行。

《孝经》中还分别论述了天子之孝、诸侯之孝、大夫之孝、士人之孝、庶人之孝五种孝道。由于时代的变迁，《孝经》中的许多论述已经过时了，但是它的基本精神仍然有自己的价值，即使在今天，在中华民族的道德和行为中，仍然有着重要的影响和作用。那种认为《孝经》一文不值、不屑一顾的态度，显然是不对的。

《尔雅》一书，最初认为是周公之作，但是宋朝的朱熹不信，他认为是汉儒收集的古人的各种传和注集合而成。因为《尔雅》中所解释的字，大多是《诗经》中的字，而《诗经》大部分是春秋时候的作品，而非周公所在的时期。另外，在解释地理名词时，《尔雅》大多解释的是汉初时候的地理，就此说明，它更不可能是周公的作品了。

在《汉书·艺文志》里，《尔雅》曾经被归入经类，后来被归入小学类。小学，就是文字训诂学。因此，《尔雅》是类似古代字典的一本文字训诂之书。由于它比汉朝许慎的《说文解字》还要早很多，所以也就更加珍贵。

《尔雅》的名字，最早见于《大戴礼记·小辩》中的"尔雅以观于古，足以辩言矣"。就是说，《尔雅》是用来解释古代著作的书。历代史学家和经学家，如司马迁、马融、郑玄等无不依靠《尔雅》来解释古典。所以，欲通古典，不得不通训诂，不得不看最早的训诂之书《尔雅》，可见这部书之重要。章太炎先生曾经嘲笑湖南今文学家王壬秋不通文字。王壬秋当时在四川尊经学院当主讲，学生拿着《说文解字》来问一个字怎么读，王壬秋回答说，只要明白意思就可以了，不必知道它念什么。章太炎嘲笑说，王壬秋只可教聋哑学生。大儒尚且如此，可见文字训诂学之难。这就更加看出《尔雅》这本最古老的字典的重要。

三 儒学的仁与礼

仁，是儒学的核心概念，也是一个很高的境界。但是孔子却很少直接谈到仁，因为仁的境界太高了，一般人很难达到。所以，从孔子那里听到的更多的是什么不是仁。

子张曾经问孔子："楚国的名相斗子文，三次出任令尹，但是面无喜色；三次被罢免，又面无怒色，而且还把令尹的政务一五一十地交代给新的令尹。这算是仁吗？"孔子回答："这是忠。仁不仁，我不知道。这怎么能算仁呢？"

孟武伯问孔子："子路算是仁吗？"孔子回答："子路啊，可以管理千乘大国的税赋，但是他仁不仁我不知道。"孟武伯又问："那冉求算是仁吗？"孔子说："冉求啊，可以管理千户的邑地，百乘的大家。但他仁不仁，我不知道。"孟武伯又问："那么公西赤呢，他仁吗？"孔子回答："公西赤啊，他可以身穿朝服，立于堂上，与宾客侃侃而谈，他仁不仁我不知道。"

孔子讲学图

有人曾说，冉雍很仁，从不巧言令色。孔子听到后就说："他仁不仁我不知道，他干嘛非要巧言令色呢？巧言令色让人讨厌。"

从以上叙述来看，当时的一些著名人物以及他自己的一些弟子，孔子可以夸赞他们，但是并不愿意轻易给他们一个"仁"的评价。可见仁的境界在孔子心目中是非常高的。因为孔子认为，一个人就算能达到君子的境界，仍然不能算作仁。（《论语·宪问》）

那么，孔子本人可以算仁者吗？孔子对仁的标准非常严格，也不认为自己是仁者。他说："说到圣和仁，我怎么敢当呢？我只不过是不停地施行仁德，不倦地教人仁德，如此而已。"（《论语·述而》）孔子还说："君子的道德有三种，仁者不忧，智者不惑，勇者不惧，这三条我都做不到。"连孔子都做不到，这不是太难了吗？其实也并不是这样，要说容易也很容易，孔子说："仁真的离我们很远吗？不是的。只要你想要仁，仁就来到了。"（《论语·述而》）因为孔子认为，一个人心里是否想施行仁的行为，这是关键。仁是发自人的内心的，只要你真心想施行仁，不存在力量不足的问题。

孔子

在孔子心目中，什么人才算是仁者呢？能得到孔子"仁"的评价的，其中之一是管仲。子路和孔子谈论管仲时说："齐桓公杀死了公子纠，辅佐公子纠的召忽因为公子纠死去而自杀了；管仲同样辅佐公子纠，但他却没自杀。管仲这样做，有些不仁吧。"孔子说："齐桓公能够不用武力，而大会天下诸侯，全凭管仲之力啊。这就是他的仁啊。"（《论语·宪问》）能够不使用武力而使国家强大，使天下人心服而从，这就是孔子心目中的理想。能达到这种理想的人，就算是仁者。

还有一个孔子赞许过的仁者，那就是子产。当时郑国人都聚集在乡校议论国事，有人就向子产建议取消乡校，但被子产拒绝了。子产说："那些人都是我的老师，他们喜欢的我就照办，他们厌恶的我就改正。我为什么要毁掉乡校呢？"孔子听到这个消息，就评价说：
"要是有人说子产不仁，我不信。让百姓说话，倾听百姓的声音，按
他们的心愿做事，不做滥用权威、封民之口的傻事，这就是我心目中
的仁人。"

从以上叙述来看，这些人都是做出了一些符合仁的理念的行为，
才获得了孔子的赞许。所以，仁是仁心外化的一种行为，是人对仁心
的一种践行。从这个角度讲，孔子不喜欢那种巧舌善辩的人。他说：
"仁人的语言一定是迟钝的。"因为他知道，仁是很难做到的，所以
他说话一定是迟钝的。但并不是说，孔子就不主张文采了，他的主张
是，你应该把一切该做的先做到，"行有余力，则以学文"，文采是
最后的事情。（《论语·学而》）

我们再来看看在孔子心目中，"仁"都有哪些具体内容。孔子直
接谈论仁的时候很少。但是在《论语》等著作中，仍然保留了一些，
由此我们可以窥见孔子心目中"仁"的大致内容。

孔子认为，弟子在家要孝敬父母，出门要尊重兄长，要谨言
慎行，讲求信用，泛爱民众，追求仁德。（《论语·八佾》）意思
是说，要做到"仁"，首先应该从孝悌出发，从爱自己身边的亲人
做起，然后在社会上取得信誉，做到广泛地爱一切民众，这就是
"仁"。有一回，樊迟向孔子请教什么是"仁"，孔子简要地回答了
两个字："爱人"。（《论语·颜渊》）这就是"仁者爱人"这句
儒学名言的由来。爱人，从爱周围的人出发，达到爱一切人（泛爱
众），这就是孔子仁学的核心实质，也是和基督教《圣经》中耶稣主
张爱周围的人在精神实质上是一致的。

如何才能谨言慎行、求得信誉？孔子还有过更详细的叙述。有一
次，他在和樊迟谈论仁时说："我们平时为人要恭敬有礼，做事要认
真敬业，与人交往要忠实可靠。就是到了外族之邦，这些东西都是不
可丢弃的。"（《论语·子路》）只有这样，才能取得信誉，才有资
格和能力去"泛爱众"。

在孔子看来，仁，是内心道德的一种践行；礼，是仁外化成制度的礼仪礼貌。这二者是一致的。当颜回问什么是"仁"时，孔子回答说："克己复礼就是仁。一旦做到这一点，天下人都会赞许你是个仁者。"孔子还说，按照仁的要求去做，应完全靠自己，而不是靠别人。（《论语·颜渊》）

孔子还认为，仁和礼是一致的，但它们又有所区别。具体来说，即仁者不一定懂礼；懂礼的人不一定是仁者。举例来说，管仲辅佐齐桓公治国，不使用武力而一霸天下，使百姓受到了恩泽，是孔子称赞的仁人。但是管仲生活奢侈，所有待遇均按照君王制度享用。君王门口设有照壁，管仲门口也设照壁；君王在宴请外国君主时，遵守一种礼节，即喝完酒反过身，把空酒杯放在一个专门的酒台上，管仲家里也设置了一个这样的台子。管仲还有三处家产，家中设有豪华的楼台亭阁。总之，管仲的这些待遇是超越礼制的。所以，孔子说，要是管仲知道礼，就没人不知礼了。在遵守礼制这方面，孔子对管仲是否定的。

还有一个例子是关于季氏的。季氏是鲁国的贵族，孔子曾经在季氏那里做过事，也曾接受过季氏的馈赠。但是季氏的个人行为，孔子是不赞成的。季氏善于搜刮民财，使得自己的财富比周公还多。孔子的弟子冉求还帮助季氏聚敛财富。孔子愤怒地对门人说："冉求不是我的弟子，你们可以擂鼓去讨伐他。"按照孔子的标准，季氏是个典型的不仁之人。但是这样一个人，却在家里的舞乐中使用了八佾这样的阵势。八佾，按照朱熹《四书集注》的解释，就是八行八列六十四人的舞蹈队形。这是天子才能享用的乐舞。诸侯是六佾，卿大夫只能是四佾。季氏连诸侯都不是，竟然使用八佾舞乐，实在是太超越礼制了。所以孔子说，一个人要是不仁了，他就是懂得礼乐，又有什么用呢？所以，礼制只是一个外在的制度，它和内在的仁并不同。

孔子也反对奢侈。在回答林放关于礼的问题时，孔子说："礼，与其奢侈，宁可要节俭些。"（《论语·八佾》）在节俭这一点上，儒学、墨学、道学都是一致的，节俭是中华民族自古以来的优秀传统，只是这几家的俭，各有各的含义。墨家尚俭，遵循的是朴实无华的夏礼，儒家遵循的是繁复尚文的周礼。但是，儒家遵循周礼，也只是为了能够区别尊卑、亲疏、男女而已，多余的奢侈，孔子是不赞成的。

四 七十子

　　据《史记·仲尼弟子列传》记载，孔子的弟子中有名有姓的，有七十七人。他们都有自己特殊的才能，并精通六艺（礼、乐、射、御、书、数）。但据《孔子家语》记载，孔子的弟子共七十二人，也叫七十二贤人。人们通常把孔子的弟子称为"七十子"。在很多儒家典籍中，都记载了孔子和弟子们互相问答、切磋学问的情景。通过这些记载，我们可以看出孔子的好恶和主张，也可以看出每一位弟子不同的性格和才能。孔子去世后，有很多弟子如子贡、子夏等，都继承了孔子的学问并继续讲学，为儒学的发扬光大做出了贡献。

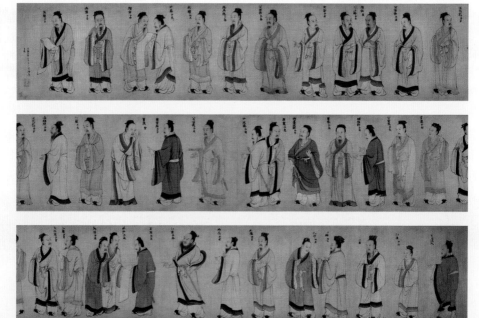

孔子弟子
像卷

（一）颜回

颜回是孔子最喜欢的弟子，也被认为是最有才华的弟子。可惜他身体虚弱，二十九岁头发就白了，三十一岁就去世了。

颜回口才不佳，外貌如愚。在孔子的弟子中，有特殊才能者比比皆是，如子路、子贡等，颜回好像没显露出什么特殊的才能，孔子为什么会如此喜欢他呢？那是因为颜回具有孔子所赞许的许多优点。

首先是德行。颜回是一个安贫乐道的人，他平日居住在破陋的巷子里，用竹筐盛饭，用木瓢喝水。别人如果过得如此贫苦，会禁不住忧愁，而颜回却很快

颜庙陋巷坊

乐。那是因为他觉得能跟孔子一起钻研学问就很快乐。所以，孔子数次赞叹说："颜回真是贤德啊。"这一点看起来简单，却是别人做不到的。因为有了这一点，颜回就能不畏艰苦，跟随老师，求道求真。孔子周游列国，艰苦备尝，曾经被围于匡地，绝粮于陈蔡，子路、子贡等都有不同程度的怨言。只有颜回，对老师的学说坚定信仰，从未动摇。当他们师徒遭遇困境、学说不能施行时，颜回就这样劝慰老师："如果我们修道不成，那是我们自己的耻辱；如果修道修得很完备，而得不到实行的机会，那是国家掌权者的耻辱。世道不容算什么，世道不容才能看出谁是君子。"（《史记·孔子世家》）有这样境界的人也只有颜回，别人都做不到。有理想，有道义，有主张，四处奔波，不是为了寻求富贵，而是为了推行道义，实现理想，这样的人，孔子只称许过颜回一人，可见对其评价之高。

至于口才不佳，在孔子心目中不算什么。上文我们说过，孔子甚

颜回雕像

至认为，有德行的人口才都不会很好，因为他们知道做事之难，所以不会轻易夸口。由于颜回的亲和力，孔门自从有了颜回以后，大家变得更亲密、更和谐了。

其次是颜回很聪明。孔子说，他曾经和颜回交谈终日，没有听到颜回一句反驳的话，似乎就跟傻子一样。可是当颜回学完后能够反思自己，对老师讲的内容有更多的发挥。可见，颜回并不傻。（《论语·雍也》）以聪明著称的子贡，也深知颜回的这个优点。一次，孔子问子贡："你和颜回，谁更强一些？"子贡回答："我怎么敢和颜回比呢，颜回能闻一知十，我只不过能闻一知二而已。"（《论语·公冶长》）

第三，颜回还有一个优点，就是好学。鲁哀公曾经问孔子："在你的弟子中间有没有好学的人呢？"孔子回答："颜回很好学。他从不迁怒于他人，也不重复地犯第二次错误。可惜颜回短命死了。"（《史记·仲尼弟子列传》）从孔子的描述来看，他所谓的"好学"，不是指学习经卷章句，而是学习怎样做事，事情做错了，要反省自己，不要迁怒于他人，下回也不能犯同样的错误。这就是孔子所谓的"好学"。

总之，孔子对颜回的评价极高。那么，颜回有缺点吗？有。孔子说："颜回不是一个能够帮助我的人，因为他对我所说的一切都很喜欢。"看来，孔子还是希望有一个能够相互切磋、砥砺商量的人。像颜回这样，谈了一整天的话一句反驳都没有，也是挺让孔子心生遗憾吧。

（二）子路

子路为人忼直质朴，喜好勇力。他初见孔子的时候，身穿戎服，头戴雄鸡鸡冠的帽子，身佩公猪皮装饰的宝剑。他言语直率，对孔子很冒失，初次见面时只见他拔剑起舞，直率地问孔子："古代的君子，也用剑来自卫吗？"孔子说："古代的君子，是以忠和仁来自卫。当遇到不善之人，便以忠来感化他；受到侵暴，就以仁来保护自己。何必要用剑呢？"听到孔子的话，子路很受感动，这才换上了儒服，请求拜入门下，成为孔子的弟子。（《史记·仲尼弟子列传》《孔子家语》）

孔子本身身材高大，继承了父亲叔梁纥的高大体形，他身长九尺五，有个外号叫"长人"。他力气非常大，能独自用双臂推开沉重的城门。但是，孔子本身对武力一直不感兴趣。孔子也懂军事，尽管在卫国的大夫孔文子问到军事方面的问题时，孔子谦逊地说没学过。鲁襄公十一年，冉有率师击败了来犯的齐国军队，季孙就问冉有用兵之术是跟谁学的，冉有说是跟孔子学的。可见，孔子文武兼通，是大圣。（《孔子家语》）但在孔子的学说里，道义和仁爱远远在勇力之上。

有一次，子路请教孔子："君子也崇尚勇吗？"孔子回答："在君子那里，义是摆在勇之上的。君子如果好勇而无义，就会犯上作乱。小人如果好勇而无义，就会成为强盗。"（《史记·仲尼弟子列传》）

还有一次，孔子夸赞了颜回以后，使子路心有不服，就问孔子："如果让您统帅三军，您会选择和谁在一起？"子路言下之意是，这件事除了他没有别人可以帮孔子了。孔子回答："那种敢于和老虎搏斗、敢于游过黄河死了也不悔的人，我是不会选择和他在一起的。我要选择的一定是那种做事谨慎、善于谋划、最后能成功的人。"（《论语·述而》）对于鲁莽好勇的子路，孔子总是很耐心地告诉他，仁义礼节要远比武力和勇气重要。

子路为人直率，看到孔子做的事不对，也会面露不悦。有一次，孔子去见了名声不好的卫君夫人南子，子路就面带不悦，害得孔子连忙指天发誓，否认自己有出格的行为。（《史记·孔子世家》）

子路画像

还有一次，子路向孔子请教为政最先考虑的是什么。孔子说："那一定是先正名。"子路快人快语地说："有这事吗？你也太迂了。正什么名呢？"孔子的弟子中，敢这样跟孔子说话的大概也只有子路了。连孔子听了这话，也不由地说："你太粗野了。"（《论语·子路》）

当然，子路也有自己的优点，孔子在很多场合都讲过子路的优点。比如，子路很讲信誉，许诺别人的事从不拖延到第二天。子路也很聪明，他可以通过只言片语来判断很复杂的案子。（《论语·颜渊》）子路还有从政才能。（《论语·公冶长》）孔子很明白子路的这些长处，他只是觉得，不能鼓励他鲁莽好勇的性格，必须教之以仁，济之以礼。因为他总是隐隐觉得，子路的这种性格会给他带来不幸，他曾几次表达过自己的这种担心。

在孔子的教导下，子路的行政才能得到了发挥，他获得了治理蒲邑的机会。子路治理蒲邑三年后，孔子从那里经过，一入蒲境，孔子就连续三次夸赞子路治理得好。子路就问："您还没有看到我的政绩，就发出三次赞叹，是为什么呢？"孔子说："我看到你的政绩了。一入蒲邑边境，我就看到田野都变了样，野草被锄净了，沟渠治理得也很整齐。只有恭敬以信，百姓才能如此尽力啊。进入邑内，我看到房屋完好坚固，树木繁茂。我想只有忠信宽厚，百姓才不会偷奸耍滑。来到庭上，我看到大庭上很清闲，属下们都很听话。我相信只有明察以断，政事才能如此井然不乱。我虽然三次称赞你，也未必说尽了你的成绩啊。"（《孔子家语·辨政》）

鲁哀公十五年，卫国发生了政变。当时，孔子的弟子高柴和子路都在卫国做事。听到这个消息，孔子说："坏了，高柴会逃回来，但是子路可能会死。"过了几天，高柴果然逃了出来。又有卫国使者带来消息说，子路不听劝阻，去阻止反叛者，结果被杀死了。孔子痛哭流涕，十分伤心。他多年的担心还是应验了。

（三）子贡

子贡的名字叫端木赐，子贡是他的字。

子贡能言善辩，口才非常好，连孔子也辩不过他。有人曾经问孔子："子贡是个什么样的人呢？"孔子说："是个能言善辩的人，这一点我不如他。"（《论衡·书解》）

子贡有非常出色的经商才能。他积极地投入商业生意，贱买贵卖，对行情的猜测非常准确，每每猜中，他很快就变得非常富有。这一点和他的老师孔子很不相同。孔子认为，富贵不是可以通过追求来获得的，财富不是他考虑的问题，财富就像他头顶上的浮云一样；一个君子，他要考虑的事情是求道，而不是求富。在对待财富的问题上，子贡与孔子的确是两种人。这就是为什么孔子能安贫而子贡不能的原因，这也是孔子对颜回的评价要比子贡高的原因。

孔子也和子贡讨论过贫富的问题。子贡说："一个人能做到贫而不谄媚，富而不骄慢，这样如何？"孔子回答："还是不如贫而乐道，富而好礼吧。"看来，子贡对贫富还是有正确的认识，但是与孔子不同，孔子的着眼点在礼乐上。（《论语·学而》）一个明显的例子是，按当时鲁国的法律，从外国赎回做奴隶的鲁国

子贡画像

人的话，可以到官府领取酬金。子贡赎回了奴隶，却没有领取酬金，这也许是他钱多不在乎的原因。但这件事却受到了孔子的批评。孔子说："圣人做事，是为了移风易俗，而不是个人行为。你赎回了人却不拿酬金，会让鲁国的人以为拿了酬金就是不廉，以后就没人再做赎人这件事了。"（《孔子家语·致思》）在孔子看来，子贡赎人的行为，可谓"富而无骄"了，可是他没有做到"富而好礼"。

子贡善于经商的才华，在孔子周游列国被围陈蔡时表现得淋漓尽致。当时，孔子师徒被围陈蔡，曾有七天没有粮食吃，是子贡拿了自己携带的货物，偷偷地混出包围圈，找当地的土人换回一石米，才使孔子和弟子们渡过难关。若非子贡有此才能，孔子师徒可能要被饿死在陈蔡了。

子贡不但能准确地预测商业行情，对政治形势也极为敏感，预测准确。鲁定公十五年，邾国国君邾隐公来朝见鲁定公。当时子贡正

在陈绝粮图

在鲁国，目睹了朝见的整个过程。只见邾隐公昂首挺胸，将宝玉高高献出，鲁定公则俯身低首，将宝玉接过。子贡说，从礼的角度看，这两个国君将有死亡之祸了（死是指死去，亡是指逃亡）。他说："礼仪原本是体现生死存亡的制度。这次朝见在正月，首先时间就不合制度。邾隐公高仰表示骄气，骄气预示着作乱；鲁定公卑俯显示颓废，颓废预示着疾病。"果然，四个月后，鲁定公因病去世；邾国发生动乱，邾隐公出逃。但是，对子贡的准确预测，孔子却不以为然，他认为这是子贡预测的次数多，不幸猜中而已。（《孔子家语·辨物》）

子贡的外交才能表现在齐国田常伐鲁之时。孔子召集弟子们说："鲁国是父母之国，不可不救，你们谁可以作为使节出访齐国，以挽救鲁国？"子路、子张、子石都要求前往，孔子没有同意。在他心目中，在此关键时刻，合适的人选只有一个，那就是子贡。

于是，子贡便领命出使齐国。到了齐国，他游说田常说："攻打鲁国不如攻打吴国容易。"田常说："我们已经出兵鲁国了，那怎么办？"子贡说："你可以暂缓出兵。我会游说吴国攻打齐国而救鲁国，你就可以攻打吴国了。"田常同意了。

子贡来到吴国，游说吴王说："齐国与吴国争强，吴国如果能救鲁国，那就最好了。"吴王说："你说得很好。但吴国曾经打败了越国，越国一直谋求报复。我想先收拾了越国，再考虑这件事。"子贡说："你如果保存了越国，就能向天下显示你的仁义；你能救鲁伐齐，诸侯必然相率服从，这样你就可以成就霸业。我可以说服越王服从你伐齐救鲁。"

子贡来到越国，对越王说："吴王为人暴戾，国家疲惫，人民怨恨，奸臣当道。这正是越国报复吴国之时。你不如出兵随吴国攻打齐国，齐国败了，是你的福分；齐国胜了，必然兵临晋国，那时你和晋国两面夹击，吴国必败。"越王点头同意。

子贡又前往晋国，告诉晋国应趁吴国疲惫时加以攻击。

不久，吴王率吴、越两国军队攻打齐国，齐国大败。然后，就像子贡所预料的，吴国开始兵临晋国，吴、晋两军对垒于黄池。这时，越国趁机袭击吴国，并灭掉了吴国。

自接受使命以后，子贡的一系列穿梭外交令人眼花缭乱，历史进程大致如子贡所料。《史记·仲尼弟子列传》评价说，"子贡一出，乱齐，破吴，强晋而霸越"，"十年之中，五国各有变"。真是君子一出，沧海桑田。子贡的无敌辩才和外交才华显露无遗。但是像往常一样，子贡的所作所为并不能使孔子满意。他说："乱齐而存鲁，是我的想法。但是，强晋、灭吴、霸越，那都是子贡游说的结果，并非我所愿。巧辩的语言一定会伤害信誉，所以还是要慎言。"（《孔子家语·屈节解》）

子贡是个聪明无比的人，他一开始师从孔子，并不把孔子看得很高。《论衡·讲瑞》中说，子贡师从孔子一年，就自认为超过了孔子；学了两年，才认为自己和孔子平齐了；学到第三年，方才知道，自己不及孔子。这时，他才察觉出孔子是个圣人。此后，子贡便不遗余力地褒扬孔子之圣。当时，有人说，子贡要比孔子更为优秀，子贡连忙解释说："拿宫墙打个比方吧，我的墙才和肩一样高，很容易看见里面家里的样子。孔夫子的墙高数仞，而且找不到进去的门，也见不到里面的完美。"对诋毁孔子的人，子贡说："别人的贤德，是丘陵，是可以跨越的；而孔夫子是日月。一个人非要跟自己过不去，对日月有什么伤害？只不过显示他不自量罢了。"陈子禽曾对子贡说："你是过于谦恭了吧，孔夫子真的比你优秀吗？"子贡回答："孔夫子的不可及，就像上天没有台阶可登一样。他的境界我怎么能达到呢？"（《论语·子张》）子贡最崇拜孔子，他是最早开始发起对孔子造神运动的人。

孔子去世后，子贡和弟子们一起安葬了孔子，并为孔子守了三年的孝。三年期满后，子贡又继续守了三年的孝。后来，子贡周游于列国，所到之处，君王们均以国君之礼相待。子贡借此到处宣扬孔子学说，为孔子学说流布天下做出了极大贡献。（《史记·货殖列传》）

子贡庐墓图

（四）子夏

子夏姓卜，名商，字子夏。他非常具有学术才华，在孔门四科德行、政事、文学、言语里，他学的是文学。

有一次，子夏路过魏国，听到有人在讲史书，说晋国军队"三豕渡河"，子夏说："不对，错了。一定是己亥渡河。晋国军队怎么会赶着三只猪渡河呢？"后来到了晋国一问，果然是"晋师己亥渡河"。（《孔子家语》）可见子夏的博学。

子夏的聪明博学甚至让孔子也感到有所启发。一次，子夏向孔子请教《诗经》里的诗句"巧笑倩兮，美目盼兮，素以为绚兮"是什么意思，孔子回答："绘画艺术，要先有素描，然后才能涂上绚丽的颜色。"子夏马上意识到，这是不是说礼是一种后有的东西呢？在儒家学说里，仁德之心是一种本源的东西。在远古，仁德淳厚的时候，是不需要礼来约束的。礼是为了避免人们相争才制定的，所以是后有的。孔子听了后说："子夏真是可以启发我的人啊，从此以后我可以同他谈论《诗》了。"（《论语·八佾》）

由于子夏博学，他还经常为同伴们解释问题。有一次，樊迟问孔子什么叫智，孔子说，就是知人。见樊迟没明白，孔子又解释说："举荐正直的人，能使不正直的人也正直。"樊迟还是不明白，就去问子夏。子夏解释说："这种事例太多了。在舜帝的时候，从民众之中选拔了皋陶，于是不仁的人就都远远离开了。在汤王的时候，从民众中间选拔了伊尹，于是不仁之人也都远远离开了。"（《论语·颜渊》）

子夏好学，他喜欢和比自己学问好的人在一起，以便向他们学习。这一点与子贡不同，子贡喜欢和不如自己的人在一起。根据这一点，孔子判断说："我死后，子夏的学问一定会越来越好，子贡的学问会越来越差。"（刘向《说苑·杂言》）

子夏家中很穷，衣服经常穿得破破烂烂。有人问他："你为什么不去做官呢？"子夏说："有的诸侯对我很骄横，我不愿意做他的臣子；有的大夫对我也很骄横，我不会再见他。"（《荀子·大略》）子夏有如此傲骨，自然不适合做官。他曾经做过小官，也向孔子请教过如何从政，但除了这短时期的小官以外，他一生的事业大部分都在学术上。

孔子去世后，弟子们都很思念孔子。孔子有一个弟子叫有若，长得很像孔子。子夏、子张、子游就把他当作孔子，如同孔子生前一样侍奉他。但是，有若毕竟不是孔子，弟子们提了几个问题，他回答不上来，弟子们很失望，就不再尊他为师了。（《史记·仲尼弟子列传》）自此以后，子张到了陈国，澹台子羽到了楚国，子夏去了魏国，子贡多守了三年孝以后到了齐国。儒学分为八个流派，而子夏就是其中之一。

在魏国，子夏受聘于魏文侯（他是当时最热心于学问的君主），讲学于西河，也渐渐有了圣人的名声，有人甚至把他比作孔子。他的弟子多达三百多人，田子方、段干木、吴起、禽滑厘等都曾受教于他的门下。（《史记·儒林列传》）最重要的是，几乎后人所看到的儒家经典，如《诗》《书》《礼》《春秋》，都是子夏一派传下来的。如果说，子贡对儒学的普及和声名的传播做出了极大贡献的话，那么，子夏对儒学的贡献就是儒家经典的传承。如果没有子夏，儒家六经我们就都看不到了。

孔子有七十个弟子，限于篇幅，我们只能选择其中的几个代表人物进行介绍。在《孔子家语·弟子行》里，卫国的将军文子曾经问过子贡这样一个问题："我听说孔子有七十多个弟子，在这七十多个弟子中，谁更贤能一些？"子贡先推托不知。文子说："你们经常在一起学习，都是贤者，怎么会不知道呢？"子贡说："了解别人很难，了解贤人就更难，所以难以回答。"文子说："这当然很难，但因为你和他们有过交往，所以我才问你。"子贡说："孔子的门人大概有三千多人，我有的接触过，有的没接触，所以无法了解所有的人。"文子说："就你了解的，你说一说他们的品行吧。"然后，子贡就列举了他所知道的以下孔门弟子：颜回、冉雍、子路、冉求、公西赤、曾参、颛孙师、子夏、高柴等，并简要介绍了他们的品行。在他看来，这些人就是孔门弟子中间的佼佼者。当然，他谦虚地并没有把自己的名字列进去。原来，子贡早年有喜欢品评别人的毛病，因受到孔子的批评，所以后来子贡变得谦虚多了。

五 荀子：儒学集大成者

荀子，名况，也称荀卿，或者孙卿。称孙卿，是因为"孙"和"荀"读音相近。另外还有一个原因，就是《荀子》一书最初是由汉朝刘向校录的，刘向在汉宣帝时任谏大夫。汉宣帝名叫刘询，为了避汉宣帝刘询的名讳，所以改荀为孙，给最初的《荀子》取名为《孙卿新书》。后来，在《汉书·艺文志》著录时，名为《孙卿子》。到了唐朝，才恢复原名叫《荀子》。

荀子

荀子是儒学历史上承前启后、集大成的人物。之所以这样说是因为：第一，孟子死后，儒学经历了一个沉寂阶段，直到荀子出现，儒学才重新振兴，逐渐恢复了活力。第二，荀子总结了战国诸子百家学说的优长和弊病，写了《非十二子》，对他们的学说进行了总结和批判，其中也包括儒家学说中子思和孟轲的学说。荀子对子思和孟轲的评价是，观点杂博，不成系统，以一些陈旧学说如五行说混入孔子学说。荀子尊崇孔子，称他为圣人。在他看来，圣人有两种，一种是得势的圣人，比如舜、禹；一种是不得势的圣人，那就是孔子和子弓。子弓是谁，《荀子》中说得很模糊，后世猜测也很多，此处不多提。荀子著《非十二子》，横扫各家学说，唯独尊崇孔子，认为当今的仁学就是要上法舜、禹的礼制，下法孔子的道理，灭十二子之学说，儒学的任务就完成了。荀子作为孔子、孟子之后，儒学的伟大的继承者是当之无愧的。

关于荀子的生卒年月以及他的生平事迹，史书上记载很少，《史记·孟子荀卿列传》上，只有寥寥数语，各种记述之间还互相抵牾，不能自圆其说。比如，荀子何年到齐国游学，司马迁《史记》和汉刘向《序录》都说是五十岁，而东汉应劭《风俗通》则说是十五岁。此处我们不再作详细考证，只是综合古籍中的各种记载，对荀子生平作一个简要记述。

荀子是赵国人。齐威王和齐宣王时，齐国聚天下贤士于稷下学宫，给予优厚待遇，荀子也在此时来到齐国，学习各家学说，并拜宋钘为师。齐国任用武力，屡兴兵戈，学者们纷纷劝谏不听，于是稷下学宫的学者们纷纷散去。荀子就到了楚国。

五年后，齐襄王掌政，力图恢复稷下学宫，荀子也重新回到齐国。此时，学者田骈等人已去世，荀子成为最有影响力的学者，因而得以三次成为祭酒[①]。后来，荀子曾到秦国游历考察，与秦昭王和相国范雎有过谈话，这些谈话的内容，记载于《荀子》中的"儒效""强国"等篇中。当时，秦昭王正热衷于攻伐兵战，荀子则以三王之道说之，话不投机，自然得不到应用。

后来，荀子回到齐国，遭到齐国一些人的谗言，只好再次离开齐国前往楚国，在楚国春申君的帮助下，得任兰陵令一职。不过荀子在楚国的处境仍然不顺。有人在春申君面前进谗言，说："汤王和文王都曾以小小的一片土地而统一天下，现在荀子是个贤者，而拥有百里之地，楚国不是很危险吗？"春申君听信了谗言，让荀子离开了楚

---

① 古代的时候，祭祀或宴饮都需要有一个年长者来主持，就叫作祭酒。学界的祭酒，相当于现在的学术带头人或者首席专家。此时荀子在学者们之间已是资格最老，所以三为祭酒。

国。荀子就到了赵国，被赵国奉为上卿。在赵国，荀子与赵孝成王和临武君就军事问题进行过研讨，记载在《荀子·议兵》里。

荀子离开楚国后，春申君有所悔悟，又几次邀请荀子回来，荀子都拒绝了，结果春申君又继续邀请他，最后他禁不住邀请，又重新回到楚国任兰陵令。不久，春申君遇刺身亡，荀子废居在家，以著书教徒为业，后死于兰陵。荀子晚年时，他的弟子李斯在秦国获得了丞相之位，一时备受重用。但是，荀子却一直为这个弟子担忧，甚至常常吃不下饭。最后他还是看到了这位弟子遭罹惨祸。

根据史料记载，《荀子》中的大部分著作应该是荀子亲著，极少部分为荀子的弟子著录。后来刘向在编辑《荀子》时，将原来的三百三十二篇，删去其重复，定为三十二篇。这本著作对儒家学说进行了广泛的论述，是一本极其重要的儒学经典。荀子的儒学学说，大致有如下内容：

（1）天道说

上天有道，人应该循天道而行，这是以往历代儒学所持的观点。但是，对天道的理解各有不同。在孔子之前，人们对天道的理解，是和神性混在一起的，天道是一种需要敬畏的、主宰人们命运的神祇。在孔子那里，也还没有完全抛弃对神的敬畏，只不过把注意力集中在人按照天道所建立的仁义礼制上去了。孔子有时也用上天来鼓励自己，比如在周游列国路过宋国时，遭遇桓魋（tuī）①伐树，弟子们就告诉孔子快点跑，孔子镇静地说："上天让德行生在我身上，桓魋又能把我怎么样呢？"（《史记·孔子世家》）孟子也有类似的言论。比如，鲁平公要来看孟子，被属下臧仓阻止。孟子就说："我不能得到鲁侯的礼遇，那是上天的旨意，臧仓怎么能让我不受礼遇呢？"（《孟子·梁惠王章句下》）

---

① 桓魋，人名。宋国的司马。

到了荀子那里，天道完全变成了一种和人没有直接关系的自然规律。可以说，荀子把鬼神彻底逐出了哲学，这是一个了不起的成就。荀子说："天道自有其运转规律，这种规律不会因为尧帝存在，也不会因桀帝而消亡。你顺应天道，行动就会大吉；你胡乱应对，就会遇到凶途。天不会因为人害怕寒冷，就取消了冬天；地也不会因为人们害怕遥远而减少广大。"（《荀子·天论》）他举了一个例子，比如说，人一祈祷求雨，天就下雨，这是为什么？因为即使你不求雨，天也会下雨。荀子由此而继续推论出"应顺应自然、征服自然，使自然服务于人类"的理论。他说，与其把上天放在一个崇高的位置上崇拜它，不如像养育动物那样去控制它；与其顺从它、歌颂它，不如控制它，使它为人所用。这种看待自然规律的理论，已经非常接近现代科学对自然规律的看法。

（2）性恶论

和孟子的性善论不同，荀子主张性恶论。他说，人性本身是恶的，凡是善的地方都是人为的。（《荀子·性恶》）那么，什么是本性？什么是人为呢？他说，人生下来自然带来的东西，就是人性，人性是不可学的；心里想了就去做，做多了形成了习惯，就叫人为。人性本身是质朴的，是人为给这种本性加上了文化。没有人性，文化就不知道加在什么上面；没有人为的东西，人性就不会变得美好。人性和人为加在一起，才是圣人的名教。正因为人性本身是恶的，所以，荀子才强调后天的教化。圣人正是因为人性本身是恶的，才制定了礼仪法度。遵守礼仪法度的就是君子，放纵性情、违背礼法的就是小人。比如说，人饿了要吃饱，这是人的本性。但是，看到有长者在旁边，不敢先吃，要让长者先吃，这就是孝道，是礼仪。如果完全按照本性，就没有辞让了。所以，礼仪法度都是一种文化，而不是人的本性。接着，荀子反驳了孟子的性善论，他说："如果人性本身就是善的，那还要圣王做什么？还要礼仪做什么？"

（3）政治理论

荀子详细地叙述了人为什么要组成国家和社会。他说，人不能不靠群体生活，群体生活如果没有名分就会相争，相争就会乱，乱就会穷。所以就应该建立礼仪制度，这些制度需要君子来建立。所以，一个国家需要有国土、守土之民、礼仪制度以及君子这四样。根据遵守和违反礼仪制度的不同情况，制定赏罚分明的制度。如果有赏罚，赏罚得当，国家就强大；赏罚不当，国家就会衰弱。这种重赏罚而国强的观点，对他的学生李斯产生了重大影响。

在荀子的政治理论中，还有很多简短的格言已经成为中国文化中众口相传的名言佳句，如"公生明，偏生暗""水则载舟，水则覆舟"等等。

另外，在《荀子》中，还有关于治气养心的修身理论；有论述文艺的乐论以及一些哲学理论，都非常精彩，限于篇幅，我们只能介绍到这里。

六 董仲舒

　　董仲舒是河北广川人，年轻时曾研究过《春秋公羊传》，是汉景帝时的博士。

　　董仲舒读书和讲学都很专心，有"三年不窥园"的说法。在讲学时，他一般垂下布帷，再加上他的弟子很多，弟子再传授弟子，所以有很多弟子连他的面也没见过。董仲舒博学多识，著有《春秋繁露》八十二篇，阐述其公羊儒学理论，在当时学界声望极高。

　　汉武帝即位后，开始看重儒学，并下诏要求举荐贤良方正、直言极谏之士，他先后任用了喜好儒术的卫绾、窦婴和田蚡为丞相。丞相卫绾在奏请举贤良的奏疏里，请示了举贤良的范围。这次举贤良，先后得贤良之士一百余人。六年后的元光元年，董仲舒应征举贤良，与汉武帝进行了反复问对，留下了著名的"贤良三策"，记载于《汉书·董仲舒传》里。

董仲舒画像

　　在汉武帝所发的询问贤良方正的制书里，主要是询问夏商周三代接受天命有何证明；灾异之变是因为什么而产生；夭与寿，仁与鄙，其道理何在；用什么方法才能做到甘露普降，五谷丰登，德润四海，泽及群生；怎样才能得到上天的护佑，受到鬼神的帮助。从这些询问的内容看，汉武帝当时关心的，主要是他的政权如何才能同上天和鬼神联系起来，以获得权力的合法性，古代人是怎么做的，他需要怎么做才好。汉武帝还允诺，如果有对策，他会亲自御览。

董仲舒在自己的第一篇对策里，首先提出了天人感应的灾异说。天人感应，本是公羊派儒学的传统观点，董仲舒把这一学说更加明确化、系统化了。

董仲舒说，根据《春秋》的记载，如果国家出现违背天道的失败，上天一定会发出一些灾害以警告世人；如果君王不自省，上天还会出现一些怪异现象来警吓世人，如果君王还不知调整政策，那就会出现大的失败。由此可见，上天是爱护人君的，君王只要能够强勉学问，力行天道，就能够增进德行，获得成功。（《汉书·董仲舒传》）

汉武帝在垂询贤良的第二封制书中问："为什么舜帝垂拱无为，天下就能太平？而周文王忙得饭都顾不上吃，天下也能大治？帝王之道有什么规律？为什么会如此不同？我自登基后，晚睡早起，亲自耕田，鼓励农耕，还是没有获得很大的功德；我有一百多个大臣，为什么没有好的效果？你有什么好方法吗？"董仲舒对策说："尧帝受命后，驱逐乱臣，务求贤圣，得到了舜、禹、稷、契、皋陶等人的辅佐，所以才天下和洽，万民安乐。尧帝驾崩后，传位给舜，以禹为相，才能垂拱无为而天下大治。殷纣时，杀害贤知，残害百姓，天下贤人都隐居不出，所以才陷于战乱，被周朝取代。陛下晚睡早起，忧劳万民，殷勤求贤，为什么没有好的效果呢？我认为，要想求贤，必先养士。养士最重要的事情，是办太学，延请高明的老师，以养天下之士，这样才可以得到人才。另外，还要让各级官员举荐贤才，举荐了贤者有赏，举荐了不肖者有罚，就可以请到天下的英才了。您贤君的名声也就有了。"（《汉书·董仲舒传》）在第二篇对策里，董仲舒谈到了选贤和教育，开始用教育制度把儒学和国家治理联系起来，开始了儒学和权力的政治联姻。自此之后，天下英才尽归朝廷。

　　皇帝在第三封制书中让董仲舒详细地谈谈当今的事务。董仲舒再次对策说："天不变，道也不会变。古代的天下就是今天的天下，今天的天下就是古代的天下。同是天下，为什么古代就大治，今天就不行呢？其中有什么道理呢？"他接着说："上天在赋予万物才能时是有规律的。如有锋利牙齿的，就去掉他的角；有翅膀的，就只给他两足；得到了大的，就不能再取小的。所以，在古代，身居高位、食取厚禄的人，不能再与民争利。所以《易经》中说，'负且乘，致寇至'，意思是说，乘车是君子的事，担担是小人的事，但是你不能既乘车，又担担子。居君子之位，而为庶人之行，一定会导致祸患的到来。"

公孙弘和董仲舒雕像

　　接着，董仲舒又谈到《春秋》中的大一统理论是贯穿天地古今的真理，这就是历史上经常提到的"罢黜百家，独尊儒术"的谏议。很多史书都这样记载，说汉武帝听从了董仲舒的建议，从此儒家学说占据了统治地位。

　　关于对董仲舒的评价，汉朝刘向、刘歆父子有着截然相反的意见。刘向认为，董仲舒有王佐之才，就连伊尹和吕尚也没有超过他；

至于管仲和晏子，就更不能及了。刘歆认为，董仲舒处在秦朝灭绝儒学之后，由于他发奋读书，刻苦钻研，终于成为儒学领袖，使天下学者有所统一，这是他的成就；但从学术渊源上说，他还未能达到子游、子夏的程度；至于说可以与管仲、晏子、伊尹和吕尚相提并论，那就有点过了。把董仲舒的主要成就划定在儒学范围内，刘歆的评价似乎更为恰当些。

第七章

中国的本土宗教—道教

中国土生土长的本土宗教——道教产生于东汉时期不是偶然的，它是中国社会演化的产物。

从中国古人的文化心理看，原是没有宗教产生的土壤的。中国古代的先民们比较关心的是日常的世俗生活。远古的先民们虽然也认为有鬼神，但大都指的是自己死去的祖先，而非一种超自然、超人类的力量。儒学兴起后，人们的注意力大都集中在仁、义、礼、智、信等方面，对鬼神的信仰也慢慢地削弱了。在诸子百家学说中，明确地阐述有鬼神之说的，大概只有墨子一家。秦统一中国后，统治者所关心的事情，也是比较世俗的事情，那就是想使自己的寿命长存，江山永固。为此，秦始皇不惜一切代价，让人四处寻找长生不老药。汉武帝也做过很多寻找仙人仙药、祠灶炼丹的事。这些事情，极大地影响了阴阳神鬼之说在民间盛行，也使中国的道教带上了浓厚的世俗化色彩。道教产生后，大致分为两派：一派为符箓派，一派为丹鼎派。符箓派利用画符捉鬼祛病；丹鼎派炼丹服药，以求长生。所以，通俗地说，这两派就是捉鬼派和炼丹派，目的是为了祛病和长生，其世俗性都很明显。

任何宗教的产生，都是以人类的苦难和不幸为前提的。各派宗教的创始人，目睹了人类所遭受的苦难而无能为力，转而寄希望于一种超自然、超人类的全知全能的力量。基督教、佛教莫不如此。中国的儒学是孔子看到列国诸侯互相征杀、人民痛苦不堪的情景而创立的学说。（《孟子·滕文公下》）中国的道教也是如此，它满足的是中国古人面对疾病和死亡希望得到安慰的急迫愿望，是建立在中国古代一定的社会心理基础和文化土壤之上的宗教。

一　道教和诸子学说的关系

　　道教的创立和发展也是一个漫长的历史过程。道教在最初创立时，没有典籍，也没有始祖，只好借用诸子百家中道家的理论资源，奉老子的《道德经》为道教经典，奉老子为教主，把老子称为"太上老君"。后世的许多道士，也纷纷依托老子之名，因袭老子之书，以完善道教的教义理论。这是因为，在诸子百家学说中，只有道家的理论，有一个超越人类、超越天地万物的力量，那就是道。

　　在道家的理论里，除了道不具备人格神的特征以外，道具备了神的一切特征：它是天地万物的本源，在天地万物还未产生之前，道就已经存在了；人们看不见道，听不见道，也摸不到道，但人们能够感受到它的存在；人们不能自作主张，只有按照道的规律去做事，才能成功。事情做成功了，却不知道是谁做的，那便是道的力量；遵循道的人是无为的。正是因为有这样一个超越人类的力量，道教才把道作为自己宗教的崇拜对象。

老子画像

　　但其实，老子的道家学说和道教完全不是一个概念。老子的道，是一个哲学概念，而不是一个神学概念。老子的道家学说是不崇拜神的。在老子《道德经·六十章》中有这样的话："以道莅天下，其鬼

不神"，意思是说，当君王用道来君临天下的时候，鬼神就不起作用了。在这里，虽然还没有完全取消鬼神的说法，但已经把它们放在一个可有可无的地位上了。这和孔子"敬鬼神而远之"（《论语·雍也》）的态度是一致的。所以，道教最初对老子道家学说的借用，基本上可以说是假托其名。到了唐朝以后，道教才开始从老子道家学说里吸取一些道理，以完善自己的教理教义。

在诸子百家学说里，真正明确声言有鬼神的，是墨家学说。在《墨子》中，有《明鬼》三篇，其上、中部分已经阙佚，但《明鬼》（下）还存在，因此能让我们了解墨子明鬼的基本观点。在《明鬼》（下）中，墨子举了很多历朝的例子来说明鬼神的存在。其中一个例子为：周宣王在杜伯没有任何罪名的情况下，杀死了他。杜伯说："君王无缘无故而杀我，若是死者没有知觉便罢了，若是死者有知，我三年之内，必然回来找你。"第三年，周宣王和诸侯们在苑中打猎，猎车数百乘，随从上千人。中午时分，杜伯出现了，他乘坐白车白马，身穿红衣，头戴红帽，手执红色的弓，上搭红色的箭，快速追上了周宣王。他一箭射去，正中周宣王心脏，周宣王便伏在自己的箭囊上，死在车中。当时的情景所有周宣王的随从都看在眼中，随即便流传开了。这件事记载在史书《春秋》中。

墨子还列举了一系列其他例子，这里不再多说。在《明鬼》（下）里，墨子还阐述了为什么要明鬼。他说，自从三代圣王去世后，天下就失去了正义。君臣不惠忠，父子不慈孝，民众纷纷成为乱寇盗贼。这都是因为人们不知道鬼神是可以赏贤罚暴的。要是人们都知道这一点，就不会天下大乱了。所以，阐明鬼神能赏贤罚暴，是治国利民之道。有了鬼神在天上看着，官吏就不敢不廉洁，民众就不敢做乱寇盗贼，天下就会大治。所以，明鬼神是兴天下之利、除天下之害的圣王之道。

看到这里，我们大概明白了墨子的意思。他是在强调，相信鬼神的存在，会达到天下大治的效果；如果不信鬼神，会产生天下大乱的后果，而不去深究事实本身的存在与否。这也是中国古代学说重实用、重效果、轻事实的传统做法。这大概也算是病急乱投医吧。

章太炎先生说，其实墨子的明鬼神学说，倒是道教的理论来源。墨子的学说，其"兼爱""非攻"等等，到了汉朝基本上已经消失了。只有明鬼学说被道教所吸收，流传了下来。（《章太炎学术史论集·黄巾道士缘起说》）

道教大师东晋人葛洪，曾经在《神仙传》中叙述过墨子晚年的行踪：墨子八十二岁时，进入周狱山，遇到了一位神人，那位神人传授给他一本素书，内容是关于道教的神灵和道规道戒、五行变化等等，一共二十五篇。于是墨子把重要的部分编纂起来，编成《墨子五行记》。墨子本人也化为地仙隐居起来，以避开战国动乱。

《神仙传》是一本神仙诡怪之书，葛洪所记未必可信，但其中透露的信息可供参考。五行相生相克、互相变化之说，原是阴阳家学

《墨子》

说，不是墨子学说。极有可能，是一些道士托墨子之名，借墨子的神鬼之说，结合阴阳家的学说，写作了《墨子五行记》这本书。

葛洪又在他的道教巨著《抱朴子》中谈到这本书，说《墨子五行记》是谈道教变化之术最多的一本书。这本书一共五卷，被一个叫刘君安的道士在没有成仙飞升之前删减为一卷。葛洪所提到的刘君安，就是汉末道士刘根。这在《太平御览》等古籍中都有记载。因此可以断定，《墨子五行记》一书，就是汉末刘根所作。

关于刘根，《后汉书·方术列传》中专门有他的传记，内容大致如下：刘根是颍川人，隐居在嵩山中修道，有很多喜好道术之人从远方赶来跟他学道。颍川太守史祈认为刘根是妖妄之人，就把他抓捕起来，斥责他说："你有何法术，敢在此蛊惑百姓？"刘根回答说："我没有什么奇异的法术，就是能捉鬼而已。"太守说："你要能验证便罢，如不能验证，你就只有死了。"于是刘根就左右呼啸，不一会，史祈太守已经死去的祖父、父亲和亲属几十个人出现在他面前，被反绑着，跪在地上向刘根叩头，说："我们的孩子史祈没有规矩，我们应当承担罪责。"又转头斥责史祈说："你作为子孙，不能帮助祖先，反而连累我们这些亡灵。还不叩头为我们谢罪！"史祈惊恐至极，连忙叩头至头破血流。刘根默然不应，忽然消失，不知所在。

以上所谈，可以看出，道教最初建立时，从诸子百家学说中，特别是从道家学说、墨家学说、阴阳家学说中都吸取了哪些东西。这说明，中国的道教不是凭空产生的，而是有一定来源的。

中国的道教，通常认为是东汉的张道陵创建的。但其实在秦统一中国后，由于秦始皇热衷于长生不老，他身边就一直有许多道士、方士在活动。汉朝建立后，汉武帝也对祭祀鬼神很感兴趣，对身边的道士、方士大加重用。当时汉武帝所尊崇倚重的一个道士叫李少君。《史记·孝武本纪》中说，李少君擅长祭祀灶神、辟谷①和长生不老之术。这些方技和后来道教活动的内容是一致的。这说明，在张道陵创建道教之前，道教的一些主要的活动范式在西汉时就已经出现并流行，只是这时道教的组织形式还没有出现。

　　当时李少君以这些方技遍游诸侯，人们听说他能驱使鬼物，又能长生不老，便纷纷馈赠他金钱衣帛，使他变得非常富有。李少君刻意隐瞒自己的年龄，逢人就说自己已经七十岁了。一次，李少君到汉武帝那里，见到一件旧的青铜器，就说："这件东西是齐桓公十年陈放在齐国柏寝台中的东西。"后来一查铜器上的铭文，果然是齐桓公时的器物。所有人都大吃一惊，以为李少君是一位有几百岁年龄的神人。其实，这个故事的夸张和编造之处是显而易见的。因为据《晏子春秋·内篇杂下》（五）记载："景公新成柏寝之台"，这说明柏寝台原为齐景公所造，齐桓公时还根本没有什么柏寝之台。

　　李少君还精通炼丹之术。他对汉武帝说："祭祀灶神就可以招致鬼神，就能将丹砂化为黄金。用黄金作为饮食餐具就能延年益寿，延

①辟谷，即不吃粮食，靠服气行气养生的方技。

201

年益寿就能到海上见到蓬莱仙人。见到仙人后如果对他们进行封禅，你就能像黄帝那样升仙不死了。"听后，汉武帝都一一照办了。后来，李少君病死，汉武帝仍对他深信不疑，不认为他死了，反而认为他升仙了。

第二年，又有一个齐国人少翁宣称自己能召唤鬼神。当时，汉武帝宠爱的一位王夫人去世了，少翁说他能让王夫人的相貌在晚上重现，还能让汉武帝在帷幕之间亲眼看见。果然三更时分，汉武帝左榻的帐子内映出一位美貌女子的身影。他还告诉汉武帝说自己能驱赶恶鬼。汉武帝相信了，于是，封他为文成将军，还赏赐给他许多黄金。一年后，少翁的法术总是失灵。为了挽回汉武帝的信任，他便作假，先把帛书让牛吃进去，再说牛肚子里有奇书，让人把牛杀了取出奇书。这引起了汉武帝的怀疑。正巧，有人认识那帛书上的字，然后找到了写字的人。于是少翁被汉武帝杀死。类似这种祭祀鬼神、炼丹求仙之事，在汉武帝那里可谓不胜枚举。司马迁因为经常跟随皇帝祭祀封禅，所以对这些事情都是亲眼所见，并把它们详细记录了下来。（《史记·孝武本纪》）

（一）张道陵

道教真正的创始人，通常认为是东汉时期的张道陵。张道陵原名张陵，因为被后世道徒尊为道教祖师，而被称为张道陵，也叫张天师。后世的道徒们说他是汉高祖时的谋臣张良的第九代孙。据史书记载，张良原本就精通黄老之道，汉朝建立后，他功成身退，不受分封，随从赤松子云游修道去了。张天师能同张良连上宗谱，自然为道教增添了很大的可信度。但是，这一说法缺乏事实根据，托名附会的可能性较大。

张道陵是沛国丰邑人，他的父亲叫张大顺，自称"桐柏真人"，也是一个求仙好道之士。张道陵自幼博览经书，曾经入太学研读五经，担任过巴郡江州的县令。后来他辞官归隐，入鹄鸣山（也叫鹤鸣山）专心钻研黄老长生之道。在鹄鸣山修炼时，张道陵著道书二十四篇，以传授道徒。据道教神仙传记书《历世真仙体道通鉴》记载，张道陵初到鹄鸣山时，有大魔王率鬼兵进攻，将鹄鸣山包围。张道陵施展法术，打败了鬼兵。但鬼帅魔王不服，仍想同张道陵争夺信徒。于是双方约定时间，较量法力，以定胜负。比赛开始了，比赛的第一轮是"投火"，只见张道陵投入火中，脚踏青莲而出，而鬼帅却被大火所烧；第二轮比赛是"钻木"，张道陵钻入木中又钻出，木头自动合拢，而鬼帅却被木头碰倒在地上；第三轮比赛"入水"，只见张道陵入水后乘龙而出，鬼帅却被水呛得喘不过气来；第四轮比赛"钻石"，张道陵穿石而过，鬼帅却只能钻石一寸；第五轮比赛"钻铁"，张道陵穿铁而过，鬼帅却只能钻铁半寸。五轮比赛，张道陵大胜，鬼帅大败，只得服输。

　　在鹄鸣山修道时，张道陵还得到了神仙下凡授予他的一部神书——《新出正一盟威之道》，此后，张道陵突然变得精通医术，开始为百姓治病，而且医术越来越高明。据说治病的方法，是让病人饮下符水（即将符烧成灰放在水里），或者将病人的姓名写在三张纸上，一张贴在山上，一张埋在土中，一张沉在水里，这叫祈祷三官①。因为在张道陵看来，所有疾病都是因为病人在生活中所犯的过错引起，比如懒惰、恶语、偷盗、不孝等等。通过祈祷三官，能免除这些罪过，使疾病得到痊愈。如果治不好，就说明这个病人在祈祷时不够心诚。

　　随着张道陵治愈的病人越来越多，他的影响力也越来越大，他被百姓看作神人，所以前来投奔他的人越来越多，以至达到数万人之多。为了管理这些信徒，张道陵创建了道教的管理组织——治。他还以鹤

张天师符板

---

① 三官，就是天官、地官和水官。

鸣山为中心，将川陕地区的信徒分为二十四个治来进行管理。所有信徒，都要缴纳五斗米，并参加修桥、补路等义务劳动，所以最初的道教也称"五斗米道"。这种教徒组织的建立，标志着道教作为一种宗教正式建立。

早年修道时，张道陵就懂得了炼丹之法，但由于家贫，他无力购买药物。建立道教后，张道陵得到了大量财物，已经有能力炼成金丹。据说金丹炼成后，张道陵只服了半剂，就成了仙，成仙后他能精通仙术，预测人事。不久，张道陵就和自己的弟子王长、赵升一起白日飞升做神仙去了。

（二）张衡

张道陵死后，五斗米教传到了他的儿子张衡手中。在张衡时期，道教的组织更加完备，还专门设立了静室，让道徒在静室里反思过错。静室也是道教信徒们最初的专用活动场所。

（三）张鲁

张衡死后，他的儿子张鲁接手了五斗米道的领导。当时的益州牧（官名）刘焉任命张鲁为督义司马，让他和另一位司马张修一起进攻汉中太守苏固。在这个过程中，张鲁袭击并杀死了张修，兼并了他的人马。刘焉死后，他的儿子刘璋继位，刘璋以张鲁不听从他的调遣为由，杀死了张鲁的母亲及其家人。当时张鲁的人马多在巴地，刘璋又命令庞羲多次攻打张鲁，但是都没有成功，结果被张鲁占据了汉中。

张鲁雕像

张鲁在汉中以五斗米教治理教民，自号"师君"。张鲁继承了祖上的教法，规定教民要守诚信不欺诈；让病人反思自首自己的过错；对犯法者宽容三次，如果再犯，才加以惩处。他还创立了义舍，在义舍内设置义米肉[①]供行路者充饥。如果行路者吃得过量，鬼神就会惩罚他们。

在张鲁的治理下，巴蜀、汉中一片安定，他利用五斗米道割据统治巴蜀、汉中长达三十余年。他将该地区分为上、中、下各八治，一共二十四治，后来又扩充为三十六治。当时曹操把持东汉政权，但无暇顾及汉中，于是任命张鲁为镇民中郎将，领汉宁太守。后来，又赶上爆发韩遂、马超之乱，投奔张鲁的关西百姓多达一万多户。总之，张鲁对巴蜀、汉中地区的武装割据，建立了五斗米道对该地区政教合一的道教政权，成为汉末一支颇有实力的割据势力。

建安二十年，曹操率军征讨张鲁。经过几次战斗后，张鲁投降了曹操，被任命为镇南将军，封阆中侯。张鲁的五个儿子也被封为列侯，他们一家迁往洛阳，汉中的五斗米道政权也就自行解散了。各部的祭酒们也只好分散各地进行传教。

后来，张鲁的儿子张盛移居江西龙虎山传道，被尊为"天师"，五斗米道的名称也逐渐被天师道的名声所代替，后来，也叫"正一道"。（《三国志·魏书·张鲁传》）

（四）张角

与五斗米道创立的同时，还有巨鹿人张角创立的太平道。

据《后汉书·襄楷传》记载，汉顺帝时，琅琊人宫崇上奏皇上，献上了于吉所得的一百七十卷神书，名为《太平清领书》，也叫《太平经》。《太平经》内容驳杂，涉及天地、阴阳、五行、十支、灾异、神仙等。朝廷得到这本书后并没有重视，把它放在一边。后来，张角得到了这本书，利用这本书创立了太平道。张角自称太平道的大贤良师。

太平道的基本教义和宗教理想为"致太平"。与五斗米道一样，

[①] 义米肉，即不收取任何费用的饭食。

张角传道的主要法术也是教人叩头思过，并用符水治病；他们也认为患病的原因是病人做了错事和坏事所受到的报应。短短的十余年间，太平道的人数就发展到几十万人。太平道也由一个民间的宗教组织演变为一个政教合一的农民宗教军事组织，打出了"苍天已死，黄天当立"的口号，发动了黄巾起义。张角自任"天公将军"，他的弟弟张宝和张梁分别任"地公将军"和"人公将军"。起义时，黄巾军焚烧了官府，攻下了城池，一时天下响应，京师震动。

但是，黄巾军很快受到了朝廷的镇压，最终失败，太平道也随之受到了严格的限制，影响力逐渐减弱。自此以后，道教开始倾向于个人修炼，地点也由平原闹市转入深山密林。

值得注意的是，五斗米道和太平道，都不是纯粹的民间宗教，而是政教合一的地方武装割据集团和军事暴动集团。因此，朝廷编著的官方史书对他们的评价都很低，把他们称为"教匪"或者"米贼"。

（五） 魏伯阳

张道陵创建了道教的组织形式，而道教的学理教义，却是魏伯阳和葛洪创建的。

魏伯阳，是汉桓帝时期的人，他对道教的最大贡献就是写作了《周易参同契》一书，将老子的清净无为学说、《周易》阴阳八卦理论和道教的丹鼎炼丹之术融合为一体，创造了道教独特的长生久视理论。比如，在《周易参同契》中，"内以养己，安静虚无""上德无为，不以察求""知白守黑，神明自来"等等都是典型的老子观点，甚至词语都是采用老子的。而里面的"乾坤刚柔""六十卦周"等等，有明显借鉴《周易》的痕迹。这本书多用隐喻，语言简略晦涩，意义含混，历史上有很多人为它作注。

魏伯阳家道颇好，但他不肯当官，一心闲居，想炼丹求仙。传说，他进山炼丹时带了三个徒弟和一条狗。他知道其中有两个徒弟心不诚，就对他们说："丹炼成后，要先给狗吃。"他知道，火候不足的丹药吃下去后会有暂时昏厥的假死现象，所以才这样说。果然，狗吃了丹药后就"死"了。于是魏伯阳说："我离家入山，却没能求得成仙大道，实在羞愧，不管生死，我也只得把金丹吃了。"说完他就服下金丹也"死"了。其中一个真心跟随师父的徒弟也服了金丹"死"了。而另外两个徒弟决定不吃金丹，他们下山买了棺材准备为师傅和师兄收尸。这时，魏伯阳就跳起来，抱起白狗和吃金丹的徒弟飞升成仙了。

（六）葛洪

葛洪

葛洪，字稚川，号抱朴子，是丹阳句容人。他是三国时期的方士葛玄的侄孙，是一位颇有名气的医学家，著有《肘后方》一书。他也是一位早期的化学家。

他少年时就博学多闻，不喜欢做官，但擅长神仙养生之法。曾有人向东晋元帝推荐他做官，他推辞不就，最后隐居罗浮山，著《抱朴子》一书流行于世。《抱朴子》是一部融玄学、儒学、道学为一体的道教理论书籍，分《内篇》和《外篇》，《内篇》主要论述神仙术，《外篇》主要论人事。下面我们主要介绍一下与道教神仙理论有关的《内篇》。

《内篇》首先论证了神仙的存在，这是整个道教的理论基石。如果神仙之事原本是子虚乌有，那么所有炼丹、长生、成仙等等就成了无本之木了。《内篇》中有一篇"论仙"，从各个角度论证神仙的存在。这篇文章洋洋洒洒、滔滔不绝，堪称雄辩，但从现代逻辑学的角度看，却难免有不周全之处。比如，有人问："神仙长生不老真的可信吗？"抱朴子回答："眼力再好的人，也有看不见的东西；听力再好的人，也有听不见的声音；智力再好的人，他所认识的东西，也不如他不认识的东西多。万物芸芸，什么没有？为什么神仙就是没有的呢？"抱朴子的回答听起来很有道理，但是书中能够证明神仙存在

葛洪炼丹图

的确凿证据，却一条也没能提出。这不仅仅是古人理论思维能力的局限，还与当时没有建立现代学术原则和学术结构有关。另外，就是论题已经进入信仰阶段，已经不是论述和证明的问题了。

其次，《内篇》认为，既然神仙是存在的，那么就必然有成仙的办法。葛洪在《抱朴子·释滞》中介绍了胎息之法，简单地说，就像婴儿在母亲腹中可以不用口鼻呼吸。具体办法为：先吸一口气把嘴闭上，暗中数一百二十下，再徐徐吐出，然后不断延长这个间隔，时间长了，就可以数到一千，时间再长一些，就可以不用呼吸了，这就叫行气。行气有时间限制，行气还有禁忌，如忌多食，忌发怒等。此外，葛洪还简单提及了房中之术和炼丹之术。葛洪对炼丹时药品的种类、剂量和制法，都作了详细记述，可谓是集炼丹术之大成。后世的炼丹者，大都是本于葛洪。总之，掌握了这三种方式就能长生不老了。

第三，《内篇》中说，有了成仙的办法，还要讲求自身修养。要做到淡泊恬静，素朴无欲，以养其心。因为命就在自己心中，道也在心中，而不在别处。（《抱朴子·道意》他还特别指出，炼丹要心诚，要沐浴斋戒，远离人群，不与俗人交往，不使俗人看见，如果让不信道教的人看见，谤毁神教，那仙丹就炼不成了。（《抱朴子·金丹》）

道教经张道陵、张角创立之后，再经过魏伯阳和葛洪的学理阐发，逐渐由社会走向深山，由群体走向个人修炼，逐渐确立了道教祛病长生的修炼目标。其中，魏伯阳和葛洪二人还为道教加入了清净、炼养、服食等内容，一些荒诞不稽的做法也随着道教的发展逐渐被淘汰。

南北朝时，寇谦之、陆修静、陶弘景等一批道教学者创作了大量道学著作，完善了道教典籍体系。到了唐朝，道教大盛。到了元朝，统治者借口佛道相争，两次焚毁道经，拆毁道观，道教就开始走下坡路了。

三　道教诸神

　　道教不是一神教，是多神教。道教的这些神，和道教要追求的目标祛病和成仙之间，没有必然的联系。在道教的经书中，也看不到这些神的教诲。道教在最初创立时，是借用诸子百家中老子的形象作为宗师的，老子的形象又化为道教的太上老君形象。而老子的学说其实和道教的主张是有诸多不同的。其他的神仙，都是在道教的演化过程中逐渐增添出来的，与道教的教义就更没有多大的关系了。下面我们就对道教的诸神作一简单介绍。

（一）　三清

　　三清就是道教中三尊最高的神：玉清元始天尊，上清灵宝天尊，太清道德天尊。由于年代久远，典籍错乱，三清的说法出于何时，已不可考。

　　元始天尊是道教最高的神灵，是道教开天辟地之神，存在于宇宙万物之先，也是为了回答宇宙本源问题而设计的。他在"三清"之中地位最高，但是出现却比太上老君要晚。道教形成初期并没有"元始天尊"的说法，最早出现"元始"之名的是晋代葛洪在《枕中书》中的记载。葛洪说，在天地混沌之时，日月星辰还没产生，宇宙就像一个鸡蛋的形状，宇宙中住着一个盘古真人，他自称为"元始天王"。元始天王经过四劫，有了积气；再经过四劫，天地分开。又经过两劫，与太元玉女生出天皇，天皇生出地皇，地皇生出人皇。在这里，葛洪显然是把中国古代盘古开天地的传奇故事与道教的起源结合在一

元始天尊

起叙述了。

到了南北朝时，在道教学者陶弘景的著作《真灵位业图》中，才开始有了"元始天尊"的名号。他指出，元始天尊还有一个名字，就是上合虚皇道君。这个名字，再次肯定了这位元始天尊虚无的身份。也只有虚无，才能彻底解释宇宙本源的问题。道教著作《历代神仙通鉴》中说："元者，本也；始者，初也，先天之气也"，这是元始天尊这个名字的最好解释。

至于排在第二位的灵宝天尊，道教著作《洞玄本行经》说他以灵宝之法，随世度人。所以在道教中又把灵宝天尊称为"经宝尊"。同时，元始天尊被称为"道宝尊"，道德天尊被称为"师宝尊"。这三个称呼基本确定了三清在道教体系中的角色地位。元始天尊代表产生万物的虚无的道；灵宝天尊代表万物产生的理，代表道教的教理教义；道德天尊，也就是老子的太上老君形象，代表了道教的师祖。

通常在道观里，都会有三清殿。有的道观，也会直接命名为"三清观"。在三清殿上，居中的神像是元始天尊，他右手虚捧，左手虚拈圆球；左边的神像为灵宝天尊，他手执一枚带有类似太极图案的阴阳镜；右边的神像为道德天尊，他手执一把画有阴阳太极图案的扇子。三位老者都是束发长髯，一派清净祥和模样。

（二）四御

四御就是地位仅次于三清的四位天帝，即昊天金阙至尊玉皇大帝，中天紫微北极太皇大帝，勾陈上宫南极天皇，承天效法后土皇地祇，合称四御。御，在这里就是"帝"的意思。四御的职责是协助三清管理天上人间的各种事务。

在四御中，最为民间所熟悉的是玉皇大帝。但是，玉皇大帝却是一个很晚才进入道教诸神谱系的神，他被尊崇的地位，也有一个发展的过程。在南北朝道学家陶弘景排定道教神仙谱系的道书《真灵位业图》中，还没有玉皇大帝的名号，只有玉皇道君

玉皇大帝

和高上玉帝，他们是两个不太起眼的小神。到了唐朝，开始有了玉皇大帝的名称。宋真宗时，封玉皇为"太上开天执符御历含真体道玉皇上帝"。宋徽宗又加封为"太上开天执符御历含真体道昊天玉皇上帝"，可谓尊崇备至。到了明朝全真道士周玄贞所著的《皇经集注》里，玉皇大帝的地位进一步提高，成了"万天之主，三教之宗"了。道教经籍《玉皇经》还模仿佛诞的故事，编写了玉皇大帝出生的故事，说他是静妙王和宝月光王后的儿子，出生于正月初九，名叫张坚。所以，每到这一天，道观里都要举行"玉皇会"的仪式，祭拜玉皇大帝。民间也会举办玉皇祭，抬着玉皇大帝的神像游行。

四御中的第二位天帝是北极太皇大帝，也就是北极星神。在道教理论看来，北极星是一颗神秘的星，它端坐天之中央而不动，是最高最尊的众星之主。（《云笈七签·日月星辰部》）道教正是根据人们对北极星的崇拜，创造了北极太皇大帝这尊天神。他的职责是协助玉皇大帝执掌天经地纬、日月星辰和四时节气。

四御中的第三位天帝是勾陈上宫南极天皇。勾陈，是古代星宿名，属紫微垣，有六颗星。道教著作《天皇诰》说，他的使命是总管两极（即北极和南极）和三才（即天、地、人），并执掌人间兵革之

事，统帅天体星辰运行。

四御中的最后一位天帝是后土皇地祇，也就是民间所谓的后土娘娘。她是一位女神，道教典籍《早坛功课经》中有一篇《后土诰》，说她主管着山川大地和阴阳化育。宋徽宗还亲自封她为"承天效法厚德光大后土皇地祇"。在道观中，一般会有后土殿。民间也往往建有后土娘娘祠。传说每年的农历十月十八日是后土娘娘的生日，每到这一天，民间都会隆重祭祀。

（三）八仙

八仙是中国民间熟悉的道教神仙形象，他们不像天帝尊神那样高高在上，也不像灵官和门神那样凶神恶煞，好像也没有什么超越常人的通天技能，反倒有一些普通人的和蔼可亲。在道观里，如果有他们的位置的话，也往往在配殿里。看到他们，让人不禁要想，为什么他们是神仙？这或许是因为他们身上表现出来的自由自在、无忧无虑的生活态度，或许是因为他们从普通人走入神仙行列的不凡事迹。如果说，那些天神是原来就有的神仙的话，那么，八仙就是普通人通过修

铁拐李

炼飞升成仙的榜样。所谓八仙就是铁拐李、汉钟离、张果老、蓝采和、何仙姑、吕洞宾、韩湘子、曹国舅。

铁拐李的形象不怎么好，他袒胸，赤脚，瘸着一条腿，拄拐，手里托着一个葫芦，据说葫芦里都是太上老君给的灵丹妙药。《列仙全传》中说，一开始铁拐李并不是这个模样，他姓李名玄，原本是个英俊的后生。有一天，他要外出神游，就对徒弟说："我要是七天还不回来，你就把我的肉身烧了。"他走后的第六天，徒弟家里人来报信，

说徒弟的母亲病危，徒弟就急急忙忙把师傅的肉身烧了，回家尽孝去了。第七天，李玄的元神回来了，却找不到自己的肉身，成了孤鬼游魂。正在着急之中，看见林中有一具瘸腿乞丐的尸体，他只好借尸还魂。英俊后生李玄就成了铁拐李。据说后来，铁拐李化为一条龙，乘云而去了。

汉钟离，原名钟离权，是汉朝大将。适逢吐蕃造反，钟离权奉诏率兵出征，因战事失利而全军覆没。他在逃跑的路上遇到了一位真人，得到了真人传授给他的青龙剑法和金丹术。后来他又认识了一位仙人，得到了长生秘诀。从此，他刻苦修炼，功力大长。他写了很多道教著作，还度化了吕洞宾等人，被王重阳的全真道奉为"正阳祖师"。在八仙众形象中，挺着大肚子、手执拂塵的就是汉钟离。

张果老据说原来是唐朝的进士，叫张果。因为他自称是尧帝时候的人，所以人们称他为张果老。如果此说当真的话，那他就有几千岁了。据说张果老有一头毛驴，不吃不喝，日行万里。不骑它时他可以将毛驴像纸一样地叠好收起，要骑行时用水一喷，就可恢复毛驴的模样。《太平广记》里记载了很多他在唐玄宗面前玩弄法术的故事。

吕洞宾的身份要比前几位尊贵些。他被道教全真派尊为"北五祖"之一，称为吕祖。史书上记载，他名叫吕岩，字洞宾，号纯阳子，是唐末咸通年间的进士，曾两次任县令。钟离权见到他后，用法术让他做了一个黄粱梦，梦见自己中了状元，从此声势显赫，享尽人间荣华；然后又忽获重罪，家破人亡。醒来后，吕洞宾就大彻大悟，拜钟离权为师，学道成了仙。吕洞宾的形象是道士打扮，他头戴纯阳巾，身背长剑，怡然自得。

吕洞宾

何仙姑

蓝采和

韩湘子

何仙姑是八仙中唯一的女仙，她原名何琼，是广东增城人。据说何仙姑十几岁时入山采茶，遇到了吕洞宾，教给她吃云母粉成仙的方法。时间长了，何仙姑就不再吃五谷杂粮了。武则天听说了此事，就派使臣召她入京，行到半路，何仙姑忽然失踪，不知去向。有人说她成仙去了。

蓝采和是唐朝开元天宝人，他经常衣衫褴褛，一只脚光着，一只脚穿鞋，手执歌板，在长安城内踏歌乞讨，其歌词颇有仙意。据说最后他在酒楼里喝醉了，于是飞升成仙了。

韩湘子据说是大文学家韩愈的侄子，也有记载说他是韩愈的侄孙。韩湘子曾考取唐朝进士。据《列仙传》记载，韩湘子，字清夫。他平日落魄不羁，后来跟吕洞宾学道，有一次，登上桃树摔下来就消失了。据说他曾在冬天种牡丹，牡丹开出几种颜色的花，上面还有诗句："云横秦岭家何在，雪拥蓝关马不前"。韩愈不解诗意，韩湘子说："你以后自然会明白。"后来，韩愈触怒皇帝，被贬潮州，路上逢雪难行，一打听，地名正叫蓝关。韩愈才开始佩服韩湘子的道术。

曹国舅据说是宋仁宗的曹皇后兄弟，在八仙中身份最高。他头戴官帽，身穿朝服，相貌和善，行止富贵。曹国舅虽然身为皇亲国戚，但却喜好清静自然，对政事不感兴趣。《仙佛奇踪》说，他有一个弟弟，非常倚仗权势，曹国舅耻于和他在一起，就躲入山中研修道法。在山中，他遇到了钟离权和吕洞宾，钟、吕二人就传授道家成仙秘术给他，他就成了神仙。

　　在道教神仙系统里，还有很多为人熟知的神仙，如灵官、关帝、灶君、财神、门神、钟馗、阎罗等等，限于篇幅，我们不再一一介绍。对道教的各种法术、仪式、戒律等等，由于在现代社会中已不常见，也不再作过多介绍。

曹国舅

四 道教的生命观念

　　任何宗教都会在它们的教义里有一些怪诞奇异、超出人们常识的叙述，道教也不例外。这是因为世界上存在着大量未知的领域，存在着许多无法解释的事情，而这些未知的领域和无法解释的事情正是宗教存在的基础。葛洪在《抱朴子·论仙》的开篇中就说，人总有看不到、听不到、认识不到的事情。世界之大，认识不到的事情总比认识到的事情多，人怎么就知道没有神仙这回事呢？这就是典型的宗教思维，把论述建立在未知的事物之上。由于未知不能提供确切的根据，于是便只能用信仰代替科学的论述。随着人类科学知识的不断积累，一些原本属于宗教的论断会逐渐被证明是荒谬的，但是，科学永远也不可能代替宗教，因为正像葛洪所说的，人类所面临的未知领域远远要比已知领域大，这正是宗教存在的理由。道教也是如此，虽然它的炼丹、符箓之术已经被人类的科学知识证明是荒谬的，但其"重道贵生"的学说，对人类生命的珍视和尊重，对人类长生不死目标的不懈追求和探索，是道教学说的最有价值的部分。

　　道教在东汉末年五斗米道和太平道被镇压之后，目标开始转向个体生命。同时，在对待个体生命的看法上，也和儒家学说产生了重大分歧。儒家学说是信命的。孔子说："不知命，无以为君子。"（《论语·尧曰》）而道教学说则坚信，人类的命运就操在自己手中，通过修行、服食等手段，人类一定可以达到长生久视、飞升成仙的目的。所以，葛洪在《抱朴子》中提出了"我命在我不在天"的口号，用一种大胆豪迈的口气，表达了他对人类能够掌握自己命运的坚定的信念。

　　应该说，作为当时道士中杰出代表的葛洪，是那个时代非常聪慧的人物。他对世界充满了好奇，每当听到哪里有奇闻异事，他总是不辞劳苦，欣然前往，虚心请教。他也不在乎周围的人对他所做的事情的嘲弄和耻

葛洪雕像

笑。他只觉得这些人是愚不可及、不可与谈的。因为许多事物的神奇变化是他亲眼所见和亲自操练的。比如，丹砂原本是红色的，经过烧炼，居然变成了白色的水银，水银继续烧炼，又还原成红色的"丹砂"。由于缺乏完备的化学知识，葛洪不可能知道，还原回来的红色物质已经不是丹砂，而是外观、颜色极为相似的一氧化汞。但是，这种物质的转换变化已经让他感到格外神奇。他认为，这样神奇的变化如果不是亲见，就是说给外行人他们也不会相信。葛洪对服用丹药能够使人长生的信念正是来自丹砂这种物质的神奇变化。在当时，已经有人用服食灵芝一类的草药或者用行气断谷之类的方术来寻求长生（如魏领护军将军王图），但是葛洪对这种做法不屑一顾。他认为，草木这种东西，埋到土里会腐烂，煮到锅里会烂掉，用火一烧会焦糊，这样的东西怎么会使人长生呢？能够使人长生的只能是经过千锤百炼而变化无穷的永恒的东西。他认为，最接近这一标准的，只有丹砂和黄金两种物质。葛洪认为，服用草药灵芝，只能让人延年益寿，而服用金丹和黄金这两种物质，才能让人长生不老。（《抱朴子·金丹》）这只是葛洪根据物质的特性所做的一种简单的类比和推测。这种炼丹服食、以求长生的学说，对魏晋人士影响甚广。何晏、裴秀、书圣王羲之，都是信奉服食五石散以求长生的人。其中，裴秀还因为服药后饮冷酒而导致身亡；王羲之也因为常年服用此类药物导致身体

很差，很早就去世了。到了唐朝，药圣孙思邈已经明确地认识到五石散之类的药物对人体有害无益，呼吁人们如果遇到此类药方就立刻将它烧掉。

炼丹炉

道教本身也在不断的发展中反思诸如炼丹服食一类的做法。不久，道教发展出所谓的内丹派，他们认为，人体本身就是一个大炉鼎，人的精气神就是这个大炉鼎中的药物，人可以通过不断的内在修炼，炼出内在的金丹，从而达到长生不老的目的。道教根据老子的学说，认为道是万物的本源，是永恒的东西。道不断外化而生出万物。人只需要将这个过程逆行，通过修炼、养性、行气、内视等手段，把万物重新合成为精气神，再重新合成为道，就能得到永恒了。

道教内丹派在发展中吸取了佛教修行和儒学修身的一些因素，他们把那种烧炼药物的道教派别称为"外丹派"，并对此嗤之以鼻。在清代内丹派学者刘一明的著作《悟真直指》里，载有这样一首诗："休泥丹灶费工夫，炼药须寻偃月炉。自有天然真火候，不须柴炭及吹嘘。"他还特别解释说，这里所说的"偃月"，就是道心之光。道心一现，天理昭彰，刚气渐振，山河大地都是灵药，自有天然造化之炉、真正之火，何必需要垒丹灶、耗柴炭、费吹嘘的功夫呢？刘一明还特别指斥外丹派的烧炼之术是寻求"世间滓质之物"的行为。

须指出的是，道教这种对过时的方术不断扬弃的做法，并非出于玄学的沉思默想，而是在"人是世上最宝贵的"这一观念指导下，对人如何才能做到长生久视这一远大目标所做的不断探索、不断钻研的结果。道教本身是一个重实验、重体察的教派。在道教的实践过程中，未能发展出真正的科学体系，实在是令人遗憾的事情，也是值得思索的事情。正因为如此，近代道教领袖陈撄宁指出，仙道是实证实修，与那些专讲玄理的学术派别是不同的。（《道教智慧语典》）在道教发展过程中，一些落后的方术会不断地被抛弃，但是道教对人的生命的珍视和尊重，对人类生命如何能长生不朽的不懈努力和探索，才是道教理论中最宝贵的部分，也是道教存在的最高原则之一。

第八章

佛教进入中国

佛教于汉魏之时进入中国，是中国文化史上的一个重大事件。当时的中国学界有两种风气流行，一是儒学占据独尊地位，儒生们获得了官家授予的博士身份，开始大兴注经之风，而没有能力和兴趣进行思想和理论的创新了；二是在统治者兴趣的引导下，方术、谶纬、迷信之说盛行。总之，在这一时期，中国的思想界是在原来的范围内打转，很少有突破。再加上，中国古代的学说特别是儒家学说，原本就有重实用、重政治、重伦理、轻理论、轻玄想、轻抽象的特点，所以中国古代学说在形而上学方面的缺陷是显而易见的。在这方面，中国古代学说的资源只有阴阳五行、易经八卦和老子的道德经。而孔子只是到了晚年才接触到《易》并为它所吸引，这时候，儒家的学说和经典基本上已经定型了。道教的兴起，基本上也是依赖于这些资源，所以它是本土文化发展出来的宗教。而佛教则完全不同，它是一种外来文化的产物，是一种全新的东西，它的学理深邃而缜密；再加上它关注人类痛苦，重视个体生命，其清静无为、无我的学说以及灵魂不死、轮回转世的学说都与中土原有学说极为相近，所以，在佛教输入后，虽然经过了一个阶段的沉寂，但在魏晋时期很快就大行其道，受到士民欢迎，如雨后春笋，迅速普及。可以说，佛教的输入直接导致了后来隋唐文化的兴盛以及宋明理学的诞生。

　　但是，佛学的教义中，毕竟还有很多与中土文化不相容的地方。比如，佛教不祭祀祖先，不敬王者，不婚不嗣，这在中土文化看来简直就是不忠不孝。而中国的本土文化中，又有内诸夏，外夷狄，"尊王攘夷"的传统，不可能坐视外来的佛教"以夷变夏"。所以，佛教输入后，与中国本土文化的矛盾冲突还是很激烈。最后，中国的本土文化还是找到了一种对佛教既接纳吸收、同时又排斥打击的办法。用学者陈寅恪先生的话说，找到了一种"两全之法"，即采用佛教深邃静谧的学理注解四书五经，吸收异教而阐明古学；同时又打出尊孔辟佛的旗号，多次进行排佛。

在中国的主流文化吸取了佛教教义的精华之后，佛教本身反而变得不那么重要了。到了明清，佛教已经被彻底边缘化了。但是，无论如何，佛教的输入对中华文化的贡献是非常之大的。

一 中国典籍对佛教的早期记载

隋朝费长房所撰的《历代三宝纪》是叙述佛教在中国流传的书。据这本书记载，在周庄王九年四月八日，佛陀释迦牟尼从兜率天降下，化为一头白象，进入天竺国迦毗罗城净饭王的妻子摩耶夫人的左肋，摩耶夫人因此而怀孕。第二年二月八日，王子悉达多·乔达摩诞生，就是后来的佛陀。这一年，对应的公元纪年应该是公元前687年。但是，也有记载说佛陀诞生于公元前565年，在此存而不论。

中国最早记载佛教的典籍大概要算《列子》。《列子》中说，孔子听说西方有一位圣人，他并不治理国家，但国家却不乱；他并不言说，却能得到别人的信仰；他不教化人民，但他的教派却很流行；他的境界博大精深，无人能名之。按照《列子》的说法，在孔子时代，中国就已经知道佛教了。《列子》署名为战国人列御寇著，但后世学者普遍认为该书为佛教输入后的魏晋人所伪托，所以这条记载还是应该存疑。

佛陀诞生浮雕

魏晋时，有个颍川人叫朱士行，据费长房《历代三宝纪》记载，他于魏甘露二年出家为僧，成为中国历史上第一位汉族僧人，也是第一位西行取经求法的僧人。朱士行西行的贡献是求得《大品般若经》；同时又将西域佛教传入中国，促进了东西政

治、文化的交流。据说，朱士行写了一本书叫《经录》，记载了秦王政四年，也就是秦王嬴政登基成为始皇帝的前22年，西域释利防等十八位僧人携带佛经来到秦国，秦王嬴政看到他们奇形怪状的样子不理解，就把他们全都逮捕入狱，不久又把他们驱逐到了国外。这是秦王政时佛教进入中国的最早记录。但也有人认为朱士行的《经录》是后人慕朱士行之名的伪托，不足为信。

北齐人魏收所著《魏书·释老志》是一部叙述早期道教和佛教历史的著作。在《魏书·释老志》里，记载了汉武帝开拓西域、派张骞出使大夏的事迹。张骞回来时说大夏的旁边还有一个身毒国，也叫天竺国（即印度），那里的人们都信浮屠之教。这是中国人第一次亲身远赴印度、接触佛教的记录。到了汉哀帝元年，大月氏国使节来到汉朝，曾向汉朝博士秦景宪口授了浮屠经。可见，在西汉时中国学者就已经知道了佛教的教义。但是，《后汉书·西域传》却说，张骞和班超出使西域并没有任何有关佛教的发现。诸说并存，以供参考。《梁高僧传·佛图澄传》中曾引用了苻坚时著作郎王度的一个奏表，其中说到，佛是外国之神，不是华人所应供奉之神。汉初佛教传入中国，只是听任西域人立寺供奉，规定汉人不得出家。魏承接汉朝制度，也遵守这个规定。这是西汉时佛教传入中国的又一个证据。

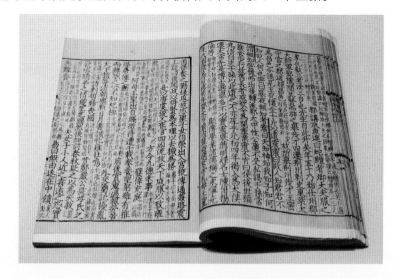

《后汉书》

　　《后汉书·光武十王传》中记载，东汉楚王刘英平日喜好佛教斋戒仪式。永平八年，汉明帝当皇帝后，想以宽大之心治理天下，就下诏让天下犯死罪的人都可以用细绢赎罪。楚王刘英不知道做了什么亏心事，就心虚地派人带了三十匹黄缣白纨前往朝廷赎罪。汉明帝就下诏回复说："楚王平日诵读黄老学说，崇尚浮屠仁慈教义，斋戒了三个月，并对神发了誓，你究竟有什么嫌疑，会有如此悔悟？还是把这些赎物带回，用作资助那些僧人的饭食吧。"这件事距汉明帝派使节前往天竺国迎接沙门和经书回国只早了两年，但是，当时楚王刘英已经在家中信奉斋戒，浮屠、沙门等名词已经公然出现在诏书里，可见后汉时佛教已经在中国王公贵族中相当流行。但文中记载将浮屠斋戒和黄老学说相提并论，可以看出，当时的佛教还不那么纯粹，还和道教方术之类的混在一起。

二　白马驮经

白马驮经图

有一天晚上，汉明帝刘庄做了一个梦，梦见一个金人，头顶有白光，在大殿之上飞行。明帝醒来后就问群臣金人是谁，知识渊博的傅毅说："我听说天竺国有个得道者叫'佛'，可能就是他。"于是皇帝大悟，立刻派遣中郎将蔡愔、秦景以及博士王遵等十八人出使天竺国，抄写佛经。

这些人回国时，还带回了天竺国的僧人迦叶摩腾和竺法兰，他们一起用一匹白马驮着经卷回到洛阳。朝廷就在洛阳城雍关西建立了白马寺，让这两位高僧住在那里译经。中国有佛寺、沙门以及跪拜礼仪，就是从这里开始的。蔡愔等人回国时，还带回了佛经《四十二章经》和佛陀的立像，明帝就命令画工将佛像描画下来，安放在白马寺的清凉台和皇家陵寝显节陵等处，将《四十二章经》封藏于皇家藏书府兰台石室。后来，迦叶摩腾和竺法兰二人就一直居住在白马寺，直到去世。（《魏书·释老志》）迦叶摩腾和竺法兰除了翻译《四十二章经》外，还翻译了大量其他经卷，可惜都佚失了，唯有《四十二章经》保存了下来，成为中国所存的经卷中最早的一部。

竺法兰

　　汉明帝遣使求经以及迦叶摩腾、竺法兰翻译《四十二章经》都是中华文化史上的大事。但由于年代久远，各书的记载相互矛盾错讹，这两件原本为历代史家所承认的史实还是引起了人们的怀疑和讨论。梁启超先生首先发难，他写了《汉明求法说辨伪》和《四十二章经辨伪》，主张这两件事都属子虚乌有。他的根据是汉明帝的求法故事原本出于《老子化胡经》，作者为西晋人王浮，王浮是一个妖妄道士，全书叙述老子出关西行、收佛陀为弟子的故事，明白人一看便知道真伪；《四十二章经》未见于道安法师所作的经文目录《安录》中，且文字流美，不像是汉人所著。接着，汤用彤、胡适、任继愈等硕学大师纷纷加入笔战。汤用彤先生的结论是：汉明帝求法的故事，由于年代久远，史书缺佚，难断真相，不妨存疑；但《四十二章经》的确是东汉已有古本，不可怀疑。但现存的版本，其文辞优美，不一定是东汉时的古本，它应该有两种译本。胡适先生基本同意汤用彤[①]先生的观点。总之，汉明帝梦金人而遣使求法，固然可以存疑，但东汉时佛已入宫廷并见诸诏书是不争的事实；《四十二章经》在东汉已成书流行，也为专家所肯定。所以，佛教进入中国是从东汉开始的，这个事实确定无疑。

---

① 见汤用彤《汉魏两晋南北朝佛教史·四十二章经考证》。

三　中国佛教的早期人物

佛教图

下面简要介绍一下佛教最初进入中国时的一些代表人物。

（一）　安世高

安世高，名清，字世高，是安息国的王子。他博学多识，精通星象和医术，可以望色而知病。《梁高僧传·安世高传》记载，他是汉桓帝时来到中国的。他先是在洛阳翻译佛经，后为躲避战乱而去南方游历。安世高是西域来到中国的最早的一批译经者之一，他所译的佛经大都以小乘佛经为主，有《安般守意经》《十二因缘经》等。《历代三宝纪》记载，安世高所译经卷的数量达一百七十六种之多，留存下来的也有二十二部二十六卷。可以说，有了安世高，才使中国人知道了小乘佛教。关于他的死，有种种奇异的传说。《梁高僧传》里也有两种说法，一种是说他死于会稽街头的误伤，当时他是为了度一个同学，也为了使他觉悟，特地前来赴命，这是前世命定的；另一种说法是他死于一个叫福善的仆人之手。

安世高经行处

（二）　朱士行

朱士行是魏晋时颍川人。他是汉人落发受戒为僧的第一人，也是远赴异国取经求法的第一人。

在印度佛教发展过程中，是先有小乘佛教后来才有大乘佛教的。同样，在佛教进入中国的过程中，也是先有小乘佛教的经卷，后来才有大乘佛教的经卷。汉灵帝时，有竺法朔译出的《道行经》，也就是《般若小品经》的古本。这部经是大乘佛教的佛经，但是由于翻译得不好，文辞过于简单，不能完全传达原经的含义。朱士行在洛阳讲经传道时，总感觉这部经里有很多潜在的含义没有表达出来，他多次感叹说："这部经是大乘佛教的经典，但却因为译得不好，不能阐尽佛理啊。"于是他便发誓，即使牺牲自己，也要去远方异国寻求真正的大乘佛经。

于是，魏甘露五年（260），朱士行便向雍州进发，穿过流沙到达于阗国。在那里，他果然得到了真正的大乘佛教九十章。正当他要派遣自己的弟子将经卷送回洛阳之时，于阗国的小乘佛教教徒们纷纷向国王呼吁，说汉地的沙门想要用婆罗门的教义惑乱佛教正典，国王若不禁止，将会断送佛教大法。在这里，需要解释一下，在佛教最初兴起的古印度和周边国家，小乘佛教一直是正统，而且小乘佛教和大乘佛教一直是界限分明，大有水火不容之势。不像当时的中国，对大小乘的界限区分模糊，采取兼容并蓄的态度。所以，于阗国的小乘佛教教徒看到汉人僧侣来取大乘佛教经典，才群起而攻之。于阗国国王听了，便下令禁止汉人将经卷带回国。听到禁令，朱士行痛心疾首。他向国王建议，当众把这些经卷烧掉，以表明自己的心意。国王同意了，于是便在大殿前堆起柴薪，准备焚烧经卷；朱士行对火发誓，如果大乘佛教理应流传汉地，此经卷当不燃烧。如果这些经卷保护不住，那就是命了。发誓完毕，他就把经卷投入火中，大火顿时熄灭，经卷没损一字，完好如初。在场的人都大惊失色，认为是朱士行的诚意感动了神灵，只好听任他把经卷送回汉地，并托无罗叉和竺叔兰二人译出，取名为《放光般若经》，也就是《大般若经》的第二部分。从此，大乘佛教的研究在中国取得了很大的进展。可以说，朱士行是中国第一个懂得大小乘佛经的区别并努力推动大乘佛教流行的人。

在这里，简单解释一下大小乘佛教的区别。像其他一些伟大的学说创始人一样，释迦牟尼在世时，并无著述。他的言行被弟子们记录下来，成为佛教的教义。那时的佛教是不分派别的。释迦牟尼去世后，一些弟子对这些教义产生了新的不同理解，他们称原来的学说为小乘，称自己的学说为大乘。乘，是梵文意译，意思是"乘载""道路"等等。从这些含义看，和中国的"道"有些类似。印度佛教的发展历史，可以简单概括为从小乘向大乘发展的历史；佛教在中国的流传，也可以概括为从小乘到大乘的流传。从佛理上，小乘理论主张"我空法有"，大乘佛教则主张"法我两空"；在对待释迦牟尼的态度上，小乘佛教并不奉释迦牟尼为神，因为释迦牟尼自己也说过，自己是个凡人，而大乘佛教则彻底神化了释迦牟尼，将他化为一个崇拜的偶像；在修行的目标上，小乘佛教主张自度自利，自我解脱，而大乘佛教则主张自利他利，大慈大悲，普度众生；在修行的方法上，小乘佛教靠恪守戒律，自我苦修，是罗汉道，大乘佛教则靠修行"菩萨行"，靠布施、行善等等，是菩萨道。小乘佛教的经典有《阿含》诸经，大乘佛教的经典有《般若》诸经。以上只是大小乘佛教的简要区别，供读者参考。

（三） 佛图澄

佛图澄本姓帛，《晋书·佛图澄传》说他是天竺人，《梁高僧传·竺佛图澄》只说他是西域人，而梁启超先生根据他的姓氏考证他为龟兹人。他于晋怀帝永嘉四年（310）来到洛阳，到东晋穆帝永和四年（348）去世，共在中国生活了三十九年。

他虽然是西域人，但从《晋书》和《高僧传》对他的描述看，他却是一个道士气很重的人。比如《晋书·佛图澄传》说他很小的时候，学过道，精通玄术。他来到洛阳后，经常自称已经有一百多岁，能够服气自养，常常一整天不吃饭，还会念诵神咒，驱使鬼神。这些都是典型的道士做派，而不像是个佛家弟子。在当时道教流行、社会动乱的环境下，佛图澄或许是以道士身份掩饰，用以服众或者自保，也未可知。因为据《晋书·佛图澄传》记载，当时洛中寇乱，沙门遇害者甚众。佛图澄就潜藏在民间，观察形势变化，后来不得已投靠了后赵明帝石勒的大将军郭黑略。

在石勒军中，佛图澄屡屡展现钵中忽生莲花之类的法术，且预言胜败凶吉没有一次是不灵验的，甚至石勒的爱子石斌暴病身亡，佛图澄也能用杨枝沾水洒之，使他起死回生。因此，石勒对他尊敬有加，言听计从，军中上下称他为大和尚。石勒死后，佛图澄地位愈发尊贵。每当朝会时，常侍以下的官员都去为他扶车，甚至太子和诸公都搀扶着他，只听主持者一声"大和尚到"，满座皆起，以示尊重。当时，百姓因为佛图澄而信佛的人越来越多，著作郎王度就上书谏议说佛乃外国之神，应禁止汉人供奉。当时的后赵君主石虎因为尊崇佛图澄，就下诏说："朕原本就是边戎之人，佛又是戎神，应该供奉，百姓如有信佛的，不应该禁止。"后来，佛图澄住持邺城寺中，弟子遍于国中。

纵观诸家传记对佛图澄的描述，佛图澄一生佛道并行，未译一经，未著一书，似乎对佛教贡献不大，其实不然。第一，佛图澄精通佛教经典，擅长解经，与各位学者论辩解疑，无能屈者；第二，佛图澄影响力很大，百姓因为崇拜他而信佛的人越来越多，他先后游历的州郡建起的佛寺多达八百九十三所（《梁高僧传》）；第三，佛图澄弟子众多，门徒极盛，为普及佛教做出了极大贡献，其中，有一位弟子叫道安，是中国佛教史上承前启后的关键人物。

（四）道安

梁启超先生对道安评价甚高。他认为中国佛教史可以道安为界，划分为两个阶段：道安之前一个阶段，道安之后为另一个阶段。他说，假如中国佛教失去了道安，中国能不能成为一个佛教大国就不敢说了。他又说，中国佛教有了道安，就好比一个正要开基立业的新国家，得到了一位名相，然后才具备了开国的规模。（梁启超《佛学研究十八篇》）

道安，原姓卫，是河北常山人。他自幼失去双亲，但聪敏好学，常常把经书带到田里休息时阅读，晚上回来经文已谙熟于心，然后他再找老师换一本阅读。老师对此暗自称奇，但又不太相信他，再加上他相貌丑陋，始终未受到老师的重视。

他十二岁出家，十七八岁的时候外出游学，在邺城遇见了佛图澄。一见面，佛图澄就对他大加赞叹，并和他交谈了整整一天。佛图澄身边的人见他相貌丑陋，都轻视他。佛图澄就说："你们不懂，这个人的远见卓识不是你们所能达到的。"于是道安就拜佛图澄为师，佛图澄讲经时，道安就作复述。道安复述讲经时，众人心中不服，便纷纷提出下次讲经时大家都要提问，一定要难倒他。之后道安再复述讲经时，大家便纷纷提问各种疑难问题。但是道安从容不迫，一一解答，游刃有余。于是众人便心服口服了。

后来道安就在太行山、恒山一带立寺讲经。再后来，因躲避战乱，道安率领众僧前往南方，在襄阳建立了檀溪寺。凉州刺史特赠万斤铜，建了一座高六丈的大佛像，百姓们纷纷前往瞻礼。当时襄阳有个人叫习凿齿，擅长辩论。他听说道安的高名就前去造访，一见面就报名说："四海习凿齿。"道安立刻回答："弥天释道安。"众人听见，纷纷感叹，认为这是绝妙的回答。习凿齿后来向谢安推荐道安，称赞道安知识渊博、道风严谨，具有高超的智慧远见，非常令人信服。习凿齿认为，虽然道安没有他的老师所拥有的道术和权威，甚至没有他老师的堂堂仪表，但他弘扬佛法，团结教徒，做得非常出色。

后来，道安一直住在长安五重寺讲经。晋太元十年二月八日，道安斋毕，无疾而终。

道安生活的年代，是社会动荡的年代，但他带领数百僧众辗转南北，弘扬佛法，成绩卓然。其一，道安废弃了自己的俗家姓氏，以释为姓，称释道安，开始了中国僧侣以释为姓的传统。其二，道安制定了僧尼的日常规范、礼佛宪章，如行香定座、日常行道、饮食戒行、差使悔过等，这些规范后来成了天下僧寺所遵行的规范。其三，在道安之前，佛教经卷散漫，译者阙失，年代莫测，是道安收集资料、选择删增撰写了《经录》，从此佛教界才有了目录之学。其四，道安之前佛家讲经都是照本宣科，而道安则能将经卷融会贯通，加以阐发，讲出其精微的含义。另外，道安还注经十余种，其中有《般若》《道行》等，他解释经典，阐发佛意，堪称是佛教界的郑康成[①]。其五，道安虽然自己没有译经，但却组织了大规模的译经团体，在社会动荡、苻坚灭国之际，在战鼓杀伐声中，坚持译出了《中阿含经》《增一阿含经》等经典。在译经中，道安负责考证文句，纠正错谬。道安去世后，鸠摩罗什来到长安，所译的新经竟然与道安所订正的佛经一一相符，没有出入，堪称奇观。其六，道安师承佛图澄，又传道慧远，承上启下，功劳极大。他听说佛界大师鸠摩罗什在西域，几次劝

---

① 郑康成，汉朝著名经学家。

说符坚将鸠摩罗什迎回，以便共同讲经，精研佛理。后来符坚听从了道安的意见，将鸠摩罗什迎接进来。鸠摩罗什进入中国后，译了三十二部经书，共三百余卷，为佛教经卷的翻译、传播做出了重大贡献。可惜的是，鸠摩罗什辗转进入中国后，道安已经去世了。（《梁高僧传·释道安传》《魏书·释老志》）

（五）慧远

慧远雕像

慧远俗姓贾，是雁门郡娄烦人。他从小就喜欢读书，十三岁时随舅舅外出游学。他博通六经，喜好老庄。二十一岁时慧远来到太行恒山道安门下学习佛法，听道安讲解《般若经》时，他豁然开朗，说："与佛法相比，那些儒道九流之学都是秕糠啊。"于是便在道安门下刻苦学习，再加上他本身神明聪慧，不久就在众僧中间卓尔不群。道安常常说："欲使佛法流传中国，就看慧远的了。"

前秦建元九年，前秦军攻取襄阳，扣留了道安。道安门下僧人都分散迁徙到各地弘法。临走之前，道安给每一位僧人都嘱咐和教诲了一番，唯独对慧远未发一言。慧远就跪下说："您为什么不像对别人那样也给我以教诲呢？"道安说："像你这样的人，我还有什么担忧呢？"于是，慧远就带了四十余名弟子，渡江来到南方。他们一开始住在江陵，打算去广东罗浮山，但是路过庐山时，喜爱上了那里的风光秀美与幽静，于是便落脚庐山龙泉寺，后来又建立了东林禅寺。

慧远一生都在庐山讲经弘法，从未出山一步，送客也只送到虎溪为止。当时王侯将相路过庐山，多有致意，但慧远不曾一次为权贵屈身。有一次，晋安帝司马德宗路过庐山，有人劝慧远迎驾面圣，慧远称病不去，却得到了安帝的手书问候。慧远的名声威望越来越高，南北佛界都很尊崇他，慕名来学佛法的人也络绎不绝。当初在道安门下学法，道安倡导戒、定、慧三法，众僧都以为是活语，唯独慧远奉法甚谨，执律极严，为众僧楷模。

慧远平日神容严整，举止肃穆，很多参拜者见到他都比较害怕。曾有一个僧人手拿一个竹如意想献给慧远，进山后竟一直不敢见他，偷偷留在坐席上默默离去。

有个慧义法师说："你们都是庸人，就知道望风推服，你们看我的。"慧义法师进山后，正好赶上慧远讲诵《法华经》，慧义几次想提问辩难，都心跳流汗，直到最后也不敢说话。出门后他对同伴说："慧远的定力真是惊人啊。"

对待佛教的高僧大德，慧远总是谦恭有礼，敬爱有加。他与佛学大师鸠摩罗什多次书信往来，探讨佛法。他还特地按照鸠摩罗什的身材裁剪了法衣送给他。当他听说鸠摩罗什大师有回国之意，慧远深感怅然，极力挽留。鸠摩罗什翻译《十诵律》时，由于诵经人去世而停止了翻译，慧远就找人继续翻译，使得《十诵经》的翻译顺利完成。

鸠摩罗什和觉贤都是大乘派佛教大师，他们的到来，标志着大乘派佛教在中国的流行。觉贤（佛陀跋陀罗）在长安被逼出走，慧远就派人将他接到庐山，使他能够译出《达摩多罗禅经》等佛经。慧远还派法静、法领等人远赴西域，携带了大量佛教经卷回来，并在庐山设置般若台译经。所以当时有"禅法经戒，皆出庐山"的说法。觉贤所译的《华严经》，其梵语本也是法领从于阗带回来的。

后来，慧远在庐山还成立了念佛社，共有僧俗弟子一百二十三人入社，其中有十八位贤者，号称"庐山十八贤"。他们一起修念佛法，后来慧远被尊为中国净土宗的初祖。（《梁高僧传·释慧远传》）

（六）鸠摩罗什

鸠摩罗什原是天竺国人。他的祖父是天竺国国相，父亲鸠摩炎天资聪颖，在即将继承国相时，毅然出家，东度葱岭来到龟兹国，被龟兹国王聘为国师，并与国王的妹妹结婚，生了鸠摩罗什。

鸠摩罗什七岁出家，九岁随母亲来到罽宾国，师从于博学多才的明德法师盘头达多。后来，鸠摩罗什的名气越来越高，经常被国王请入王宫，与高僧讨论辩难。起初，经常有外道僧师欺负他年幼，对他说话很不尊重，但鸠摩罗什每次都能找出对方的破绽，并辩倒对方。于是国王对他更加看重。

后来，鸠摩罗什又到沙勒国和莎车国学法修行。他每到一处，都会受到大家的尊重。在莎车国，他遇到了素习大乘佛教的莎车王子利耶苏摩，为他讲说了阿耨达经。经过反复钻研，他感叹说："过去我学习小乘教义，就像人们不识黄金而以铜为妙啊。"于是他又扩大范围，学习了《中论》《百论》《十二门论》等大乘教义。后来，他来到龟兹北边的温宿国，当地有一个极其善辩的得道之士，宣称谁要是能辩过自己，就斩首以谢之。鸠摩罗什向他提了两个问题，他就自知不如，立刻叩首皈依。从此，鸠摩罗什名声大震，龟兹国王亲自前往温宿国迎接鸠摩罗什回国，让他讲经授法。龟兹国王还专门为他造了一个金狮子座，并将大秦的锦褥铺在上面，供他升座讲法。每年讲法时，西域各国的国王都跪在座侧，让鸠摩罗什踩着他们的背登上座位。

前秦建元十九年(383)，前秦国王苻坚派大将军吕光率兵攻打龟兹。出兵之前，苻坚嘱咐吕光："我听说西域有个鸠摩罗什精通佛法，是国之大宝，可为后学之宗。你如果攻克了龟兹，可以立刻用驿车把他送回来。"吕光攻克龟兹后，见鸠摩罗什十分年轻，没看出有什么过人的智慧，就百般侮辱和戏弄他。鸠摩罗什默默地忍受着屈辱，面无异色。吕光感到很惭愧，就不再羞辱他。吕光在率军回国的途中，有一天晚上夜宿在一座山下。鸠摩罗什说："这里是凶险之地，不能久留，应移军山岗之上。"吕光不听，结果夜晚果然突然降下大雨，洪水暴起，死了很多人。自此之后，吕光才对鸠摩罗什另眼相看。谁知军队到了凉州，苻坚已经死了，前秦灭亡，吕光只好驻军凉州，自己称王，鸠摩罗什也滞留凉州多年。但是因吕光父子不喜欢佛法，他虽有满腹经纶也无处宣讲，后来辗转多年才到达长安，最后到了西明阁和逍遥园翻译佛经。鸠摩罗什熟悉梵语佛经，能用汉语音译，又能用梵语经本对照旧经进行校对，才使旧经新经都没有出现错误，大家对他十分佩服和敬重。

鸠摩罗什

　　鸠摩罗什是唐玄奘以前中国最伟大的佛经翻译家。他总共翻译了三百余卷佛经，多为大乘佛经，并能深入讲解，对大乘佛教在中国的流传做出了重大贡献。其中，大家所熟知的《金刚经》《法华经》都是他翻译的。他还为《维摩经》作注，并著有《实相论》二卷。就在他弥留之际，他还在挂念自己所译的《十诵经》还没来得及删改。于是他发下誓愿，说："如果我所传的佛经没有谬误，去世后即使焚身，我的舌头也不会烂。"后来他去世后，果然用火焚尸后，他的舌头没有烂。（《梁高僧传·鸠摩罗什传》）

四 佛祖释迦牟尼和佛教基本教义

除了自然灾难和人类自己制造的灾难，如战争、杀戮之外，人类还有一些与生俱来的苦难，比如生老病死。所有的宗教，都是建立在对人类这些苦难的关注之上的，佛教也不例外。佛祖释迦牟尼正是因为敏锐地观察到了人的这些苦难，才毅然出家，立志要为人类寻找一条解脱之道。关于释迦牟尼开悟成佛、弘扬佛法、普度众生的故事，在佛教的早期小乘佛典《长阿含经·大本经》《修行本起经》《普曜经》等经典里，都有详细的记载。只是，这些记载中掺杂着许多神话成分，还有许多复杂的教义体系内容，一般人并不容易理解。比如，在叙述释迦牟尼看到人世间的种种苦难时，这些经典往往记载说那些受苦受难的人都是天神下界所扮演的。这些神话成分，无疑削弱了人类所遭受苦难的现实性以及释迦牟尼为消除人类苦难所做的努力和牺牲的重大意义。现在，我们就根据这些早期佛教经典，剔除其神话传说因素以及复杂的教义部分，简要叙述释迦牟尼的出家过程和佛教创立的缘起，以及佛教的基本教义。

释迦牟尼佛像

（一） 四门出游

前文说过，释迦牟尼出生于迦毗

罗卫国国王家庭，取名为"悉达多"。《修行本起经》中说，悉达多王子出生时，天上降下了三十二种吉祥的征兆，如丘陵皆平，巷道自净，枯木生花等等。当地有一个得道国师名叫阿夷（又名阿私陀），他看了这些征兆后心里明白，一定是有佛出现了。于是他来到王宫贺喜。一见到太子，他心中大惊，他更加肯定这就是至尊，太子以后必将成佛，激动得他顿时流下眼泪。国

释迦牟尼
出生雕像

王吓了一跳，就问："难道太子有什么不祥吗？"阿夷说："这孩子将来一定是个圣人，能为世界消除种种灾患。只可惜我老了，看不到那一天了，想起我就要和太子告别，所以我感到很悲痛。"国王知道阿夷精通占相，于是深信不疑。

悉达多王子渐渐长大，对于国王平日给他准备的奇马异鸟等，他都不感兴趣。他喜欢安静，不喜欢热闹。一直到十七岁，他都是日夜忧思，常常说要出家。国王很担心，就教他读书，教他练兵骑马，又给他娶妻，但这些都不能使他快乐。于是国王就对悉达多说："没事你就出去游玩吧。"

有一天，悉达多带着一帮随从出东门游玩，看见一个人蜷缩在路旁，只见他头发全白了，牙齿都掉落了，脸上布满了皱纹，眼泪鼻涕一大把，身体还不停地打颤。悉达多就问："这是什么人？"仆人回答："是老人。"他又问："何为老人？"仆人回答："老人就是年长体弱、形变色衰、气微力竭、眼花耳聋、又活不了很久的人。"悉达多感叹道："人生在世，有老的忧患，时间过得又很快，人生又有什么快乐可言呢？"于是他郁郁不乐。

又过了一段时间，悉达多出游南门，在路边看见一个人，那个人非常瘦弱，脸色蜡黄，咳嗽呕吐，身上流脓，一直痛苦呻吟地挣扎着。悉达多就问："这是什么人？"仆人回答："是病人。"他又问："何为病人？"仆人说："人有四大，地水火风，辗转相钻，便会得四百四十种病。极寒极热，极饥极饱，极饮极渴，起居无常，节制失所，都会得此病。"悉达多叹道："我处于富贵之中，饮食快口，随心所欲，一旦有病，和这个人有什么区别呢？"于是他又郁郁不乐。

再过了一段时间，悉达多和随从出西城门游玩，看到一群人扶着灵柩出城，家属跟在后面，哭声连天。他问："这是什么人？"仆人回答："是死人。"他又问："何为死人？"仆人回答："死人就是没了，灵魂去了，地水风火，四大散去。身体僵直，没有感觉。不过多久，肉体就会腐臭，飞鸟走兽，会来吃掉。帝王百姓，贫富贵贱，都不免此患。"他感叹道："人生无常，我也会是这样的。"于是他又郁郁不乐。

又过了一阵，悉达多和随从出北门游玩，看见一个人身穿法衣，手持钵盂，目光坚定，步态安详。他问："这是什么人？"仆人回答："是沙门（僧人）。"他又问："何为沙门？"仆人回答："沙门就是为了求道，舍家别妻，断绝六情，守戒无为，一心求道，可以免除忧苦，存亡自在，这就是真人。"悉达多说："这才是快乐啊。"于是他立即驾车回宫。回宫后，他更加忧郁了。

国王很忧虑，就召集群臣问："谁能有办法让太子不出家？"有一位大臣说："还是让太子负责监农种植吧。这样他就没时间想这些事了。"于是国王就安排悉达多去监农。悉达多坐在阎浮树下，看到农夫翻土翻出的小虫立刻被飞鸟吃了；又看见蛤蟆在吞食蚯蚓；蛇从洞里爬出，吃掉了蛤蟆；这时又有孔雀飞下来啄吃了蛤蟆；鹰飞来吃掉了孔雀。悉达多看到它们互相吞食，他心生悲悯，得到了第一个禅悟，于是变得神色安详。

他回宫后，决心出家。当他抬头再看楼台宫殿，好像梦境一样。四月七日半夜，他突然让仆人为他准备车马。仆人不理解，可是他坚持要备马。备好马后他立刻飞奔出城，直到阿努摩国才下马，他把身上的璎珞宝冠交给仆人，让仆人牵马回宫感谢国王和群臣。然后他又手拿利剑，自己把头发剪掉，并发誓要断除一切烦恼，一心求道。

（二）　静修成佛

悉达多出家后，曾遍访当时的各位仙人，寻求觉悟解脱之道，他和各位仙人反复辩难讨论，最后得出结论，认为他们的各种办法和道理不能达到对苦难的最终解脱。于是悉达多便离开他们，北渡恒河，来到迦阇山苦行林，在尼连禅河畔静坐苦修。苦修时，他拒绝别人提供的食物，每天只吃一颗麻，一粒米。六年后，他身体太瘦弱了，仍不得解脱。他意识到，苦修乃是一种外道，我若由此得道，会使民众误以为自饿才是涅槃之因。我应当接受食物，恢复体力，然后像当年在阎浮树下静思那样，通过冥想，达到觉悟的大道。因为当年，他在阎浮树下静思时得到了第一禅，使他有过得道的欣喜。

于是，他放弃了苦修，接受了牧牛女提供的乳糜，并在尼连禅河中洗去了六年的污垢。跟随他苦修的五位侍从以为他意志产生了动摇，纷纷离他而去。他便独自来到尼连禅河旁的一棵菩提树下，面向东方，跏趺坐下，开始修行。在此期间，诸恶魔想趁他未修成道之前去破坏，他们用了很多方法都没有成功。悉达多一直心净入定，湛然不动。最后，恶魔终于退散。终于，在二月八日拂晓，悉达多豁然大悟，得无上正等正觉，即后来佛家所说的"四圣谛之道"。

释迦牟尼觉悟成佛后，就来到波罗奈国城郊的鹿野苑，找到他过去的五位侍从，说愿意传授给他们四圣谛之道。这五位侍从听了，都愿意遵从佛法，出家修道。释迦牟尼说："好啊，来吧，比丘。"这五人须发自落，袈裟着身，就成了后来所说的五比丘。

（三） 四谛教义

四谛，也称四圣谛，就是释迦牟尼在成佛时所悟到的四个真理，简单地说，就是苦、集、灭、道。

苦谛，就是人世间种种苦难现象；集谛，就是造成这些苦难的原因；灭谛，就是要断除这些苦难的原因，达到涅槃境界；道谛，就是达到涅盘境界的正确方法。

关于人生的种种苦难，佛在《大般涅盘经》中说，所谓苦谛，就是八苦：一生苦，二死苦，三病苦，四死苦，五求不得苦，六怨憎会苦，七爱别离苦，八五受阴苦（即人体的五种要素和功能：色、受、想、行、识）。可见人间苦难之多。

那么，人生这些苦难的根本原因是什么？这就是集谛要回答的问题。佛教认为，人生的种种苦恼，都是因为我们有生命。这一点和中国老子的观点是一样的。老子说，我的最大忧患，是因为我有生命和身体，如果我没有这些，那我还有什么忧患？（老子《道德经·十三章》）那么，生命是怎么回事？或者说，生命是怎么来的呢？在《增一阿含经》中，佛用十二因缘来回答了这个问题。在佛教中，十二因缘，也叫十二缘起。

十二因缘，就是无明、行、识、名色、六入、触、受、爱、取、有、生、老死。这十二种因素，辗转相缘，构成了人的生命和生老病死苦难的原因。在这些原因的最根本处，就是无明和行。无明就是惑，就是不知苦集灭道（四圣谛），就是一种无意识的生命本能。行就是业。换句话说，不明白前因后果的生命冲动构成的行为，就是人类苦难的根本原因。这种观点和人类的其他圣人、智者的观点是一致的。比如在《圣经·路加福音》里，被钉上十字架的耶稣就吁请上帝原谅那些罪人，因为"他们所做的他们不知道"。在奥地利心理学家弗洛伊德的理论里，无意识的生命冲动也被描述成支配人的行为的原动力，也是产生精神疾病的病源。

识，有六识，就是人的眼、耳、鼻、舌、身、意六种感觉。名色，就是人的主观对事物进行分别产生的概念和感觉。事物原本没有名和色，是人强行要对它们进行分别才产生了名和色。六入，就是人的眼、耳、鼻、舌、身、意六根，是六识的六种感觉进入之处，故名六入，也说六处。触，就是接触，六识通过和六根接触，三者和合，而产生境。在这里，识和名色都没有自己的本性，不是能够单独存在的。《杂阿含经》中说，它们就像两根并盛的束芦（一种印度植物），这根拿去了，那根也就竖不起来。对这种境的感受会有痛苦和愉悦，这就是受。自身对外界事物产生欲望，这就是爱。爱之深者，坚取而不放，这就是取。有，就是接受欲界、色界、无色界（即无色无欲的精神世界）的产生。接受业报，生出五蕴之身，这就是生。从此生老病死，百患丛生，忧悲苦恼，无有已时。

在这里，解释一下佛学因缘的概念。佛学的因缘是谈事物产生的原因，但又与西方逻辑学中因果关系的原因不同。其一，因缘是两种事物和合共生的一种描述，就像《杂阿含经》中对两根束芦的描述。这两种事物都没有自性，是依因缘而共生，并非其中一个是另一个产生的直接原因。梁启超先生说，如果对"因缘"用现代语言解释一下，大概只有用"关系"这个词了。（梁启超《佛教研究十八篇》）比如夫妻或者兄妹是一种关系，失去了一方，另一方也就不成立，就像那两棵束芦。其二，佛学认为，事物的产生是无数因缘集合而成，并非只有一个单纯的原因。缘就是蕴，就是阴，就是集。所以生命就是五蕴，也称作五阴，是说生命是由五种因素（色、受、想、行、识）集合而成的，生命原本没有本性存在，因此，"我"的概念从根本上说就是一种虚妄，物与我的区分，也是一种妄起分别。所以，"我"是一种空。这就是佛学的我空概念，就是从缘起论产生的。既然是诸法皆空，那么，生命的真相就是，原本没有什么生灭，一切只是处在流变之中，变换存在的形态而已。

十二因缘学说，是佛教学说中最精密、最重要的部分。梁启超先生说，十二因缘学说重要到这种程度，可以说佛教的一切原理，都是从这里来的，所有七千卷《大藏经》都是十二因缘说的注脚。（梁启超《佛教研究十八篇》）从最终的价值追求上说，佛教对彻底解脱生老病死之苦的追求，和中国的道教对祛病长生的追求没有什么区别。但是佛教学说的精密为道教所远远不及。佛教是建立在精密的哲学分析之上的学说，因此佛教不提倡迷信，而是主张"解信"和"悟信"，也就是因理解而信，因开悟而信。开悟，就是获得无上智慧，就可以"一灯能除千年暗，一智能灭万年愚"。（《六祖坛经》）十二因缘说直接开创了最初的小乘佛教的"我空法有"理论。

随着小乘学说向大乘学说的发展，因缘论也从"我空法有"发展为"我法皆无"理论。因为按照因缘学说，事物之法也是种种因缘所聚成，也是因"我"的五蕴之身之因缘而共生，"我"既然是空，法又何存。因此而产生出大乘学说的"法我皆无"。大乘学说空论接着又发展出有宗和无宗。在来到中国的大师里，鸠摩罗什代表了空宗，而觉贤（佛陀跋陀罗）代表了有宗。

《梁高僧传》中记载，前秦太子召集众僧论法，鸠摩罗什和觉贤在大会上互相讨论辩难。鸠摩罗什说："为什么说法是空？"觉贤说："是因为众多微尘的因缘构成了色，色没有自性，所以是空。"鸠摩罗什说："既然用微尘概念破掉了色空，什么能破掉这些微尘呢？"觉贤回答："众位大师也许想破掉这微尘缘，但我却不想。"鸠摩罗什问："那么，这些微尘就是常有了？"觉贤回答："因为有一个微尘，所以，众多微尘是空；以为有众多微尘，所以这一微尘是空。"在场众僧都不解其意，认为觉贤是说微尘就是常有。会后，有僧人向觉贤请教，觉贤说："那是因为有因缘。法不自生，因为有了因缘才会产生。因为每一个微尘的因缘，才构成了众多微尘。微尘没有自性，所以是空。因此，没有必要再破掉微尘，也不是说它们是常有。"觉贤的这番话，再清楚不过地揭示了佛教的因缘说和"微尘是有也是空"的理论。

十二因缘论揭示了生命的真相，无明、行、识等这十二种因素，辗转相缘，构成了人的生命和生老病死苦难的原因。那么，解脱的办法有哪些呢？这就是道谛要回答的问题。

首先是戒、定、慧。佛经《解脱道论》说，戒、定、慧就是解脱之道。戒是初善，也是解脱之本，就是戒除一切恶业污垢。佛教中的一切戒律，都分为止持和作持二门，简单地说，就是不做恶事，要做善事。《中阿含经》中有五戒：一不杀生，二不与不取，三不淫乱，四不妄语，五不饮酒。《增一阿含经》又增添了三条，凑成八戒，即六食不过时，七不坐高广大床，八不作妓乐，身不涂香华。还有九戒、十戒之说，在此我们不作叙述。戒只是初级的善，戒是为了达到定。通过戒除这些恶习达到内心安定，心里安定了，才能明了世间万象生灭之法，才能达到智慧的境界，这就是慧。慧就是觉悟，就是懂得了苦、集、灭、道的道理。

懂得了苦集灭道，就是达到了八正道，也就是正见、正思、正语、正业、正命、正精进，正念、正定。《八正道经》说，正见就是正确的观察和见解，做布施，礼沙门，孝父母，做一切善法；正思就是正确的思维方法，就是念道不嗔，忍辱不侵；正语就是正当的语言，不犯妄语、绮语、恶口、两舌（即在人与人之间搬弄是非）；正业就是正当的行为，不盗、不杀、不淫；正命就是正当的生活，远离一切非法之事；正精进就是做正当的事，向正确的方向努力；正念就是正当的念头和思虑；正定就是达到心境严正专一，守护意念，不受侵犯。达到了这些，也就解脱了一切烦恼，得到了觉悟涅槃之乐。

（四）　三法印

以上所谈的四圣谛之道，概括地讲，还可以简要表述为三法印，即诸行无常，诸法无我，涅槃寂静。这三法印最初可见于《杂阿含经》，三法印的名词可见于《大智度论》。冯友兰先生说，佛教的派别虽多，但大体倾向可以概括为说明这三法印。（《中国哲学史》下）

诸行无常，是说世间一切事物都处于不停流转变化的过程之中，而没有一个固定的形态。变化流转的观念是哲学的第一定理，也是一切哲学大厦的基石。唯有变化才是不变的。诸法无我，是指我执乃是一种虚幻，是导致人们错误认识和一切烦恼的根源。只有放下我执，才能明了世界的真相，达到自我解脱。涅槃寂静，是指一种解脱生死、不生不灭、身心安定的解脱境界。这三法印，可以简单地概括佛学的整个学说体系。

以上简略地叙述了佛教的基本教义。坦率地讲，这是一个艰难的过程。和世界上一切伟大的学说一样，佛教的真理埋藏在一堆光怪奇异的神迹和纷繁复杂的教义体系之中，就像核桃仁深深地嵌在坚硬的核桃壳里，又包裹在涩涩的核桃皮中。要想吃到核桃仁，就得剥开核桃皮，砸开核桃壳。但是，这是一项非常艰苦的工作，很多人因此宁可不吃核桃仁了。佛教的真理和智慧，还有待于整理和开掘。

五 中国本土道教和儒学对佛教的抵抗和融合

几乎在佛教刚刚进入中国之时，就受到了道教的激烈抵抗。当时，儒学还刚刚被统治者定为独尊，儒生们还在忙着注经和关注谶纬，还没来得及理会佛教。

据《集古今佛道论衡》所引《汉法本内传》中说，迦叶摩腾和竺法兰两位高僧受汉明帝邀请，来到洛阳，广说教义，深受皇帝的尊重和信任。五岳十八山的道士就立刻感到了新进入的佛教的威胁，他们联名上奏说："天子弃我道法，而远求胡教，是弃本而追末。我诸山道士博通经典，法术练达，方术药饵，无所不能，愿与其比较法术，一来圣意安，二来真伪辨，三来大道有归，四来不乱华俗。我等若斗法不如，愿听重裁，若我等胜，则希望能铲除虚妄。"从此，中国式的宗教之争便拉开了序幕。

值得注意的是，和其他国家的宗教战争不同，中国式的宗教之争是以"擂台"这种和平竞赛的方式开始的。永平十四年（71）正月十五日，汉明帝派遣尚书令宋庠，传谕佛道两家在白马寺斗法。道教到场的有南岳褚善信、华岳刘正念、恒岳桓文度、岱岳焦得心、嵩岳吕惠通以及霍山、天目、五台、白鹿等十八山道士共六百九十名。他们在白马寺南门外筑起了三坛，在西坛安置了各种符箓之书，中坛安置了黄老诸书，东坛陈列了各种祭器食物，祈祷诸神。佛教则在道路西侧安置了佛祖舍利和佛像。皇上御驾行殿也坐落于白马寺南门。道士们说，他们敢在坛上燃火焚经，能使经文不毁，以辨明真伪。结果，经书投入大火后，都化为灰烬。众道士相顾失色，大生恐惧，并心怀愧疚。南岳道士费叔才自憾而死。与此同时，佛舍利却放出光明五色，直上空中旋环如盖，覆蔽大众，遮盖日光。迦叶摩腾大师也踊身高飞，坐卧空中，现出各种神变。这时，天雨宝花撒在佛僧身上，空中响起了动人的天乐。大家纷纷感叹从没见过这样的景象，都围着竺法兰索要佛经。司空阳城侯刘峻等一千多官吏士人，道士吕惠通等六百二十八人，以及宫人妇女，都愿意出家。于是，朝廷下令建立十座寺院，其中七座僧寺在城外，三座尼寺在城内。汉朝佛法兴盛自此而起。

但是，这段记载的真实性颇为可疑，因为其一，这段叙述充满了神话色彩；其二，打擂斗法，带有明显的中国色彩，为道教故事所常用，而显现神迹与佛法相悖，不应是佛教宣传的手段。所以，很多学者怀疑这个故事为后世僧人所伪造。但是，这个故事却反映了当时道教和佛教之间的紧张关系。而且，斗法结束后，道士费叔才等羞愤而死之事，明确载于正史《三国志·吴书》之中的阚泽答吴主孙权之书，因此，这个事件并非全部虚构，具有一定的真实性。

到了北魏太武帝时，道教和佛教的关系紧张到了极点，在几位道士的怂恿下，终于酿成了太武帝灭佛的大祸。一开始，北魏的几位皇帝还是尊佛礼佛的，北魏太武帝在刚刚登基时也遵循了父辈的传统习惯，对佛教礼敬有加，还特别延请了来自西凉的玄高法师作为太子的老师。当时的司徒崔浩是一个博学多识的人，他极信道教方术，并拜道教的领袖人物寇谦之为师，经常在太武帝的面前谈起道教仙化之说，并且经常谈论佛教的短处，对佛教屡加诋毁，说佛教言语虚诞，仪式靡费，是民众之害。由于崔浩博识雄辩，慢慢地，太武帝就相信了道教，还把年号改成了太平真君。后来，盖吴反叛，太武帝率兵西伐，来到长安，御马就放养在佛寺庭院中。太武帝的下属官员无意中发现了寺中便室内有许多弓箭矛盾，出来就告诉了太武帝。太武帝大怒道："这难道是出家沙门该有的东西吗？他们就是串通盖吴叛军的同党！"于是便下令诛杀了全寺的僧侣，查抄了全部财产，同时又抄出酿酒用器和官员富豪藏在寺中数以万计的财产。他们还发现，寺中设有暗室，供僧人和贵室女眷淫乱。太武帝大怒，司徒崔浩又在旁边煽风点火，抨击佛教。于是太武帝就下令诛杀长安城内的全部沙门，焚烧佛经佛像，并传令下属各地方也这样做。当时的太子晃笃信佛道，屡次为佛教求情。太武帝不听，并再次下令将佛像佛经全部焚烧，并将全部僧人坑埋。太子见太武帝不听，只好发诏书，事先通知各地的僧人，让他们各自逃跑。崔浩的老师寇谦之目睹了灭佛行动的酷烈，也经常劝说崔浩，崔浩不听。寇谦之说："你现在做的事，是要导致满门抄斩啊。"果然，四年以后，崔浩被动用五刑诛杀。（《魏书·释老志》）这就是著名的北魏太武帝灭佛事件。

一百多年后，又发生了北周武帝灭佛事件。和北魏太武帝一样，北周武帝一开始也是信佛的。他还曾邀请僧玮禅师到长安天保寺讲经，并亲自前去听讲。后妃公卿也有很多人信佛。这时，有两个道士影响了北周武帝的观念，一个是道士张宾，另一个是已经还俗的僧人卫元嵩。当时社会中流传着一个"黑人当王"的谶纬之说。张卫二人就向武帝灌输"黑人当王"的谶语，并妄称"黑"就是指僧徒，对国家不祥；武帝的父亲名叫黑泰，入关后，为防止再有黑人为王，当时北周官员百姓的服饰凡带黑色的全都改成了皂色。所以，武帝非常相信"黑人当王"的谶语，这是北周武帝灭佛最初始的原因。

天和四年，他下令召集儒、僧、道等一千多人在皇宫正殿集会，亲听众人辩论三教的优劣。大家众说纷纭，没有得出什么结论。五天后，周武帝再次召集大家，但仍然没有什么结果。这时，他说了两句话："儒道二教，是国家经常遵循之教，而佛教是外来之教。"这两句话，将周武帝排佛的心理显露无遗。

十多天后第三次集会，周武帝点名让笃信佛教的司隶大夫甄鸾品评佛道的优劣。甄鸾以自己所著的《笑道论》三卷上奏，嘲笑道教理论的肤浅，引起周武帝大怒，周武帝把这本书当场在大殿上焚烧了。当时会场上的大多数人持三教攸同、应当并立的观点，唯独道安法师[1]提出抗辩。他说："语言难以说清，文章比较明显。"后来他还将自己的观点写成《二教论》共十二篇，维护了佛教，抨击了道教。武帝把他的文章拿给大臣们看，没有人敢辩驳。再加上周武帝本人也向来敬重道安，排佛的事也就暂时停止了。

又过了六年，周武帝终于下定决心，于建德三年（574）下令，佛道二教并废；另外建起通道观，让佛道二教之中的一百二十位明德之人居住在那里，号称"通道观学士"。这种措施，表面上看起来是将佛道二家合并，其实是以道教为主（从通道观的名字就能明显看出），实际上取消了佛教的存在。然后是毁寺塔，焚经像，施行废佛。废佛政策实行后，佛教徒们进行了不屈的抵抗，愿果寺猛法师亲自到皇宫论述了十八条不可排佛的理由，他言辞激烈，但最终没有被采纳；静蔼法师也去面见周武帝，他抗辩不屈，甚至提议为明辩佛道两家的邪正，可支起大锅蒸煮佛道两家的门人，看看两家到底是谁有害谁无害。但是静蔼最后被逐出皇宫，愤而自杀；道积法师与七名僧人一起为抗议排佛，绝食饿死。

纵观北周武宗废佛的过程，除了个别僧人以自杀的方式来抗议，我们未见有诛杀僧人的记录，不像北魏太武帝废佛时那样惨烈。在排佛之前与排佛之后，周武帝还多次主持召开会议，让各派人士发言，可见他对这件事是慎重的，最后决定排佛，肯定是有情不得已之处。排佛事件之后的第三年，周武帝又召集五百多名各界人士到皇宫，阐述自己排佛的理由，希望能得到大家的理解。其大意为：一是世间弘扬佛道二教虽然久远，但其教义妨碍教化，所以二教并废。六经儒教历来有益于政术，礼义忠孝与民众相宜，所以应当保留。二是佛教广建佛寺，消耗了大量的人力物力，必须除去。三是父母恩重，僧人应还俗回家行孝道。说完后，周武帝一再催促大家发言，但大家面面相觑，低头不语。这时，有一位在佛界声望较高的慧远法师站出来，与

---

[1] 道安法师，大中兴寺释道安，而不是东晋高僧道安。

武帝进行了反复辩难，甚至说到最后，慧远声色俱厉，直接对武帝进行了痛斥，引起了周武帝勃然大怒。但周武帝事后并没有惩处他，可见周武帝虚怀若谷，还是有王者胸怀的。（《古今佛道论衡》）

在中国佛教史上，著名的排佛事件共有四起，就是所谓的"三武一宗"之难。以上所讲的只是其中的"二武"，另外的"一武"是唐武宗灭佛，另外"一宗"，是周世宗灭佛。统治者屡屡禁佛的原因，从以上各方相互论辩中可以看出理由如下：沙门不敬王者，不孝敬父母以及仪式靡费等等。但归根结底，还是由于佛教是外来宗教，与本土儒学有种种不相融的地方，再加上道教与之相争，道士从中挑唆，所以，佛教在中国屡受厄难。

其实在唐玄宗时，朝廷加强了对佛教的管理和限制，建立了一套完整的"度牒"制度，同时限制僧侣的人数。所谓度牒制度，就是由官府对僧人出家进行管理，凡是僧尼出家，必须考验合格，才能发给凭证。再加上后来佛教开始与中国百姓的生活相融合，与道教和儒学也相互吸收融合，佛教才开始有了立足之地。在此期间，道教从学说、仪式、神祇等许多方面对佛教进行了融合和吸收。儒生与士大夫们也对佛教教义的哲理部分和自我修养部分极感兴趣，从中学到了很多东西。比如唐朝著名诗人、哲学家、政治家柳宗元就笃信佛教，他反对排佛，主张三教合一。诗人白居易也信佛，他晚年禁食一切肉食。到了宋朝，佛教更加兴盛，以至于当时的士大夫如王安石、苏轼、黄庭坚等都参禅悟道，谈空论佛。

宋明时期，在儒学不断巩固自己统治地位的同时，统治者继续加强和完善度牒制度，继续对佛教进行限制。直到清朝，佛教被彻底边缘化，和道教一样，成了一个无足轻重的宗教。到了这时，清朝政府反而把度牒制度取消了。清乾隆年间，还有大臣上书，要求淘汰僧道人数。这时乾隆皇帝已经是一笑置之了。他说："有人谏请淘汰僧道人数，这有何难？就是尽数淘汰，也不过是颁布一纸诏书，天下难道还有不遵从的吗？但现在的僧道二家，已经不比从前的骄横恣肆，只用儒家学说就能限制它们了。既然这二教已经衰微，且不妨借此养民。不然的话，把它们取消了，你把这数千万无衣无食、游手好闲的人安置在哪里呢？"在风流倜傥的乾隆皇帝看来，这时的佛教与道教的价值，只剩下作为绘画和诗歌的素材了。

不管怎样，佛教的进入给中华文化带来了新的元素，为中华文化的形成做出了极大的贡献：

首先是哲学上的贡献。佛教为中华文化提供了生命起源的五蕴和合学说、生命行为的无明推动学说、事物成因的因缘学说以及事物表象的色空学说，等等，极大丰富了中国古代的哲学命题，令人耳目一新，受益匪浅。而这些，正是中国传统文化的不足。在中国文化中占据主流地位的儒学，其特点是重人事，讲实用，不太讲求虚理玄学。本土宗教道教就更是忙于符箓咒语，驱鬼飞升，教理浅薄，再加上缺乏思辨训练，口才欠佳，在历史上道士与僧人的辩难论战中，多次有道士哑口无言、败下阵来的记录。比如，在唐高宗麟德年间，皇帝召集二教辩论所谓《老子化胡经》的真伪，道士们坚持认为，是老子西行把佛教传给了印度。僧人法明反诘说："请问老子西行印度成佛，讲的是华语还是胡语呢？"道士们面面相觑，瞠目结舌，不知所答。因为他们大概压根也没想过这个问题。宋朝学者欧阳修在分析佛教为什么屡禁不止、伏而又起的原因时说："佛教为患中国，有识之士无不想去除，然而去除了它又回来，最终还是拿它无可奈何，原因就是我们的学说有所阙废。只要我们把这些有所阙废弥补上了，就是佛教存在，也于我们没有什么损害的。"（欧阳修《本论》，见杨东莼《中国学术史讲话》）

正是由于佛教进入的这种刺激，才推动了中国学者们向佛教教理学习，逐渐发展出了自己的宋明理学与之对抗。据史书记载，那些创建了宋明理学的大家们，几乎都有过埋头释书、精通佛法的过程。《宋史·张载传》中说，张载为了钻研佛老两家学说，曾遍访佛老大家，经过数年的努力，才掌握了他们的学说。所以，当他在批判《楞严经》时，才能知道它的要害之所在。至于程颢，更是博览诸家，出入释老，几十年后，又返回儒家六经，完成了自己的学术体系。（程颐《明道行状》）朱熹与佛学更是有着深切的关系，他在十五六岁时就留心了禅学，领会了"昭昭灵灵"的禅学理念。可以说，佛学对中国古代哲学贡献极大，有了佛教哲学，中国传统文化才能毫不逊色地与西方哲学对话。如果仅凭春秋战国之前的阴阳五行和道德八卦，这种对话是非常困难的。原因很简单，佛教哲学对人的认识，要比这些先秦早期哲学深刻得多。

其次，在语言文学方面，佛教对中华文化做出了巨大贡献。佛教传入之初，那些佛经翻译大家的作品，大都是不太圆熟的直译。这种质朴的直译进入中国，犹如吹进了一股清新的语言之风，把中国传统的语言套路全部打破了，"之乎者也矣"不见了，华丽的对偶骈文、绮辞俪句不见了，押韵的诗歌语句也不见了。倒装句法的出现，铺陈句法的出现，散文诗歌交错混编的章法，改造了中国原有的语言习惯，极大地丰富了中国语文的表现力。在佛经直译进入中国过程中，一些直接由梵语音译的词汇也逐渐为中国大众所熟悉，成了中国语言常见的语汇，如"涅槃、般若、瑜伽、刹那"等等；一些意译的新词也已经为人们所熟知，如"真如、无明、众生、因缘、果报"等等。这些崭新的词汇，据日本学者编纂的《佛教大辞典》记载，竟有三万五千词之多，极大地丰富了中国语文的语汇词库和语言表现力。另外，新输入的佛经还为中国的文学作品提供了大量的创意和题材，从民间流行的《有相夫人生天缘》故事和"目连救母"故事，到著名的神话小说《西游记》，无不取材于佛经故事。用禅学禅意进行创作的诗歌、诗话和书法作品就更是不计其数。可见，佛经对中国语言和文学的贡献是非常大的。

第三，佛教对中国的伦理道德观念做出了极大的贡献。长期以来，中国生存于北方民族入侵的威胁之下和国内战乱的纷争之中，统治者所持的其实一直是暴力原则。儒家学说所提供的天人感应理论和谶纬学说，因其牵强荒诞而不被统治者所信。而佛教所提供的业果相报理论生命轮回理论以及戒定慧的修持理论，它的"诸恶莫作，众善奉行"的思想正好给了不受限制的统治者们一个约束自己行为的理由和加强修养的方法。同时，中国的儒者自古就有修身观念，佛教的这些思想为他们的修身提供了更深刻的思想基础，也提供了更好的方法，使得《金刚经》的"无我相，无人相，无众生相，无寿者相"和《论语》的"毋意，毋必，毋固，毋我"能够水乳交融地融合在一起，佛教的"普度众生"的大乘观念和儒学的"修齐治平"观念结合在一起，产生了崭新的更为深刻的修身理论。经过长期的融合，佛教的修行教义和儒学的修身理论已经成为不可分割的一部分，也成了中华文化的一部分。

结　语

　　中国传统文化不是一个纯粹的思想和学术概念，也不是一个纯粹的地域概念，而是和民族、国家、政权纠缠在一起的概念。所以，中国传统文化才素有"国学"之称。这一点，了解了春秋战国时期作为百家之一的儒家是如何产生、又在汉朝如何被皇权定为一尊就能够理解了。因此，中国的传统文化带有明显的政治实用性。道教和佛教被儒学吸收后，儒学之内修身的部分被加强了，对人生的认识也加深了，开始变得深刻和丰厚。

　　曾经，儒学是一门充满了自信的学说。当鲁定公看到孔子做中都宰的政绩时，就问孔子："用你的这些办法来治理整个鲁国可以吗？"孔子自豪地回答："用来治理天下都可以，何况只是鲁国呢？"（《孔子家语》）在孔子看来，他的学说是人的学说，只要人心不变，他的学说就会放之四海而皆准。同样，汉朝大儒董仲舒也说："天不变，道亦不变。"（《汉书·董仲舒传》）南宋哲学家陆九渊也曾豪迈地说过类似的话。（《陆九渊集》卷三十六）在这些儒学大家们看来，只要是从人心出发，掌握了人心之道的学说，那就一定是具有普遍价值的学说，因为天下的人心都是一样的。但是，近代以来，这种学说的自信渐渐消失了。光绪年间慈禧太后下令废除科举，标志着以儒学为中心的中国传统文化从体制上开始崩塌。从汉朝举贤良文学，到魏晋建立九品中正制，再到隋朝建立科举制，中国曾有过一套完备的文化体制，就在此时开始解体。清帝退位，民国成立，新文化运动兴起，各种西方学说输入并赢得大众，标志着中国传统文化作为体系已经不复存在。一座辉煌的大殿只剩下了残砖片瓦。作为代价，是中国将近半个世纪的连绵战乱。当时的学界精英们普遍认为，中国的传统文化是和现代化相悖的，是现代化的阻力和障碍，必须全力铲除之。但是，从日本现代化的过程看，这种看法是不成立的，传统文化应该能够做到和现代化并存。现在，该是中国学界有识之士反思这一点的时候了。

简单总结起来，中国传统文化具有以下几个鲜明的特点：

（一）坚决反对战争和暴力原则，主张施行仁政。在中国长期动荡的历史中，儒学的这个原则一直是作为价值标准和补充形态存在的。

（二）中国传统文化具有极强的学习能力和包容能力。这一点，从中国传统文化如何融合新输入的佛学的过程就看得很清楚。这种强大的学习能力和消化能力使得中国传统文化能够轻而易举地赶上世界最先进的文化。但是，"述而不作""信而好古"和"不敢为天下先"的传统使他们往往缺乏创新精神，不能位列先进文化的前沿，特别是在科技领域。

（三）人道主义精神。孔子说，道不远人，人之为道而远人，不可以为道。（《中庸》）无论是儒学、道教还是佛教，都是为了解决人类面临的现实问题而建立的。因此，抽象理性和哲学不是中国传统文化的长项。但是这种对人本身的关怀，再加上儒者勇于入世、乐于管理公共事务的长处，往往会使得中国人在某一方面成为领导人物，只是在近代以来这种自信逐渐消失了。

（四）循环论哲学。无论是老子的"大曰逝，逝曰远，远曰反"（老子《道德经》二十五章），还是邹衍的五行相生相克理论；无论是《易经》的"穷则变，变则通，通则久"的理论，还是庄子的"万物皆种也，以不同形相禅，始萃若环，莫得其伦"的理论，（《庄子·寓言》）都是循环论思想。这种循环论思想反对事物有一个终极原因和终极目标，主张"物极必反"，因此不会在一个方向上走得过远。与此有关的是中庸折中的思想方法，这决定了中国传统文化在思想的深度上不能和西方的思想大家并驾齐驱，但也不会落后很远。

（五）自然的生命观。崇尚自然，反对人为，认为只有自然产生的天道才是真理，个人的执拗见解都只是对天道的破坏。不仅道家如此认为，儒家也如此认为。不止一本古典中记载，舜帝对天下的统治是"手挥五弦之琴，口歌南风之诗，而天下大治"，汉朝学者陆贾也在《新书》中描述过那种"混然无事，寂然无声，官府若无人，亭落若无吏"的理想状态。这就是所谓"无为而治"，也是主张政府停止干预，让市场"第三只手"起作用的理论的先声。信奉祖宗崇拜，重视血缘关系也是这种自然生命观的必然结果，因为血缘关系是所有人与人关系中最自然的关系，儒学的很多重要概念，如孝、悌等都从这种最自然的关系中引出。

（六）中国传统文化不相信语言和文字，而相信人的感受。无论是老子的"道可道，非常道"，还是庄子的"意之所随，不可以言传"，（《庄子·天道》），还是禅宗的"教外别传，不立文字"，都是这种精神的体现。这也是中国古代文化停留在模糊言说、未能发展出一套精确表达的符号系统的原因。

以上特点，在以往一段时间里，都是被视作中国传统文化的保守之处，成为被抛弃的理由。现在，人类的发展面临环境、资源种种困境；经济发展也面临贫富不均、金融崩溃等问题；高科技已经发展出核武器这种大规模杀伤性武器，将人类置于危险边缘。在这些问题和困境面前，中国传统文化的这些特点，究竟是弊病，还是先见之明，也需要重新考量。总之，面对人类的种种问题和困境，中国传统文化应该作出自己独特的应答。